大学英语翻译理论与实践研究

胡 静◎著

吉林出版集团股份有限公司

图书在版编目（CIP）数据

大学英语翻译理论与实践研究 / 胡静著. — 长春：
吉林出版集团股份有限公司，2023.8
ISBN 978-7-5731-4022-7

Ⅰ. ①大… Ⅱ. ①胡… Ⅲ. ①英语—翻译—教学研究
—高等学校 Ⅳ. ①H315.9

中国国家版本馆 CIP 数据核字（2023）第 150219 号

大学英语翻译理论与实践研究

DAXUE YINGYU FANYI LILUN YU SHIJIAN YANJIU

著　　者	胡　静
出版策划	崔文辉
责任编辑	王　媛
封面设计	文　一
出　　版	吉林出版集团股份有限公司
	（长春市福祉大路 5788 号，邮政编码：130118）
发　　行	吉林出版集团译文图书经营有限公司
	（http://shop34896900.taobao.com）
电　　话	总编办：0431-81629909　营销部：0431-81629880/81629900
印　　刷	廊坊市广阳区九洲印刷厂
开　　本	710mm×1000mm　1/16
字　　数	242 千字
印　　张	11.5
版　　次	2023 年 8 月第 1 版
印　　次	2023 年 8 月第 1 次印刷
书　　号	ISBN 978-7-5731-4022-7
定　　价	78.00 元

如发现印装质量问题，影响阅读，请与印刷厂联系调换。电话：0316-2803040

前　言

　　语言是文化的载体。伴随着世界经济的高速发展，各个国家之间的交流也越来越密切，为了能够与欧美国家更好、更有效地交流，英语被设置成了一门重要的学科，而要真正地学好英语、了解国外的文化交流信息，不仅需要培养学生的听说能力，翻译能力也是不容忽视的。

　　本书针对大学英语翻译教学的理论与实践问题进行分析和研究，尝试分析大学英语翻译教学方法和创新模式，为探索和引导大学英语翻译工作提供了正确的途径，对进一步加强大学英语翻译教学研究具有重要的理论和现实意义。

　　本书结构严谨、逻辑性强，以大学英语翻译工作的研究为主线，对当代大学英语翻译理论与实践工作所涉及的领域进行了探索。本书理论与实践紧密结合，对大学英语翻译工作提供了提升路径和方法，以便学习者加深对基本理论的理解。

　　由于大学英语翻译工作涉及的范畴比较广，需要探索的层面比较深，在撰写过程中难免会存在一定的不足之处，对一些相关问题的研究不透彻，提出的大学英语翻译工作的提升路径也有一定的局限性，恳请各位前辈、同行以及广大读者斧正。

目　录

第一章 翻译概述

第一节 翻译的概念

英语是当今世界上使用最为广泛的语言之一，在政治、经济、科技、经贸、外交、教育等领域，发挥着越来越重要的作用。当今，随着经济的发展、科技的进步和对外交流的增多，翻译在我国的各个领域也发挥着越来越重要的作用。我们要与时俱进，要和世界接轨，所以，很有必要学好英语、学好翻译，为我国的经济建设腾飞贡献出自己的一分力量。随着社会的发展，翻译者对翻译的定义也发生了极大的变化，翻译不仅仅是文本的对照，更多的翻译者认为翻译是一种文化的继承，语言的替换行为，也是对文化的一种操作。所有的翻译都是基于一定的目的的对原有文章在不改变原有意思的基础上对文章的操纵。目前翻译界一致认为有两种观点不相上下，就是"改写"和"操纵"。而目前学术界关于经典的定义还没有一个明确的划定。

那么，什么是翻译？

苏联语言学派翻译理论家费道罗夫说："翻译就是用一种语言把另一种语言在内容和形式不可分割的统一中业已表达出来的东西，准确而完全地表达出来。"

中国现代学者徐永烘说："翻译是译者用一种语言（归宿语言）来表达原作者用另一种语言（出发语言）表达的思想。"

中国现代学者林汉达说："（正确的翻译）就是尽可能地按照中国语文的习惯，忠实地表达原文中所有的意义。"

中国当代学者王以铸说："好的翻译绝不是把原文的一字一句硬搬迁来，而主要的却是要传达原来文章的神韵。"

苏联文艺学派翻译理论家索伯列夫说："翻译的目的就是把一种语言中的内容和形式移植到另一种语言中去。"

苏联翻译理论家巴尔胡达罗夫说："翻译是把一种语言的言语产物，在保持内容也就是意义不变的情况下，改变为另一种语言产物的过程。"

当代美国翻译理论家奈达说："所谓翻译，是指从语义到文体在译语中用最切近而又最自然的对等语再现原语的信息。"

英国翻译研究界的元老 Peter Newmark 说："Translation is craft consisting in the attempt to replace a written message and/or statement in one language by the same message and/or statement in another language."（翻译是试图用另一种语言的相同信息和 / 或陈述取代一种语言的书面信息和 / 或陈述的过程。）

《现代汉语词典》给翻译的定义是，把一种语言文字的意义用另一种语言文字表达出来（也指方言与民族共同语、方言与方言、古代语与现代语之间一种用另一种表达），把代表语言文字的符号或数码用语言文字表达出来。

可以看出，专家们给出的定义还是有所区别的。但无论怎样来看翻译，大都涉及语言的转换，既可以指语言内部的转换，也可以指语言之间的转换。人们常说的翻译，指的是语际的转换，是把一种语言表达的意思用另一种语言表达出来的一种活动。

1995 年刘宓庆所著的《翻译美学导论》构建起了翻译美学的理论框架。众所周知，翻译与语言的关系十分紧密。费道罗夫说："翻译是用一种语言手段忠实、全面地表达另一种语言表达的东西。"唐代贾公彦在《义疏》一书中写道："译即易，谓换易言语使相解也。"所以，翻译研究与语言学研究关系之紧密不言而喻。进一步来说，美学语言学与翻译研究的关系之紧密是符合逻辑的。在美学与翻译研究之间已经存在了语言学这个中介，以美学语言学为基石，翻译研究呼唤与美学联姻。因此，翻译美学呼之欲出了，它成为翻译学科发展的一种趋势。

刘宓庆从翻译的科学性和艺术性之争入手，探讨了两个系统的内部构件。前者的基础是双语所指的基本统一，也就是语言学中经常提及的能指和所指的统一。接下来剖析了意义的复杂性和意义转换的科学性。其中，从概念意义及其模糊性、语境意义及其延伸性和功能意义及其多样性出发，提出了意义的结构层级。如本体结构层包括概念意义，社会结构层包括语境意义，功能结构层包括形式意义，进而探讨了意义、语境和形式三者的关系。然后说明了翻译学对待意义与形式的科学态度。最后提出了翻译思维的双重科学性："翻译思维的科学性之一，翻译分析必须重概念、判断与推理；翻译思维的科学性之二，语言表达必须灵活切意。"

刘宓庆认为，翻译戏剧、诗歌诚然是艺术，翻译法律文书、科技资料、宗教典籍也都是艺术，因为翻译不能须臾离开选择词语、调整句式、修饰行文等艺术加工。文化对翻译美学的重要意义是《翻译美学导论》的一大亮点，这也更加符合文化转型的大背景。正如 Bassnett 和 Lefevere 所说："已对研究对象再次予以界定；在源语文化符号与目的语文化符号所构成的网络中，对内嵌于其中的文本进行研究。这样一来，翻译研究既能够运用语言学的方法，也能够不拘于此，运用他法。"

因此，书中介绍了译学的美学渊源。从中西美学对译学不同影响的对比之中透析美学与译学的关系："很明显，在当时与译事关系最密切的先哲之言莫过于老子在《道德经》（第八十一章）中所说的'信言不美，美言不信'。老氏此言，符合他对'美'的基本态度，实质上是重信、重实，否定了不信、不实的虚饰之美。"中国传统译论中的文质之争，正是中国传统文艺美学中文与质的命题在译学中的反映和借鉴，正是道家美学思想（抑美扬信）让位于儒家美学思想（文质统一）的过程和表现。

刘宓庆认为，信达雅的美学命题、神似与形似的美学命题对翻译的影响古已有之，并发展到 20 世纪 60 年代钱锺书提出"化"的美学标准。这是中国美学与译学互相促进、共同发展的结果。

近几年许多学者专家也曾做过大量的研究和探讨，试图给翻译一个更加科学合理的新定义，如侯林平于 2004 年提出的定义为，翻译是译者通过其思维或信息科技手段将源语文本中表达原作者意图的各种信息转换到风格极似的译语中以满足读者特定需要的跨语言、跨文化的交际活动。这仅局限在语言文本范畴。而目前较为全面的定义可算是《汉英双语现代汉语词典》（2002）的定义，其定义包含两个方面的内容：

（1）"把一种语言文字的意义用另一种语言文字表达出来（也指方言与民族共同语、方言与方言、古代语与现代语之间一种用另一种表达），把代表语言文字的符号或数码用语言文字表达出来"。（2）做翻译工作的人。该定义也还没把翻译出的材料（口笔头、肢体、服饰等内容）、翻译过程等涵盖进去，仍嫌不完整。因此，要给翻译定义首先需要确定五个因素：

一是翻译定义应分为广义与狭义两种。

二是用于翻译的语言的界定，是指各民族语、方言与民族语之间，方言之间算不算翻译，如果算，方言又如何界定，是指主要的方言（中国有七大方言），还是所有的方言（含方言区内的方言），也应纳入翻译的范畴。汉语方言之间，不通过翻译是无法交流的。

三是语言与符标之间是可以互译的，不仅是单项的符标翻译成语言。

四是翻译的目的性应置入定义之中。因为翻译的目的决定翻译策略、方法和结果。

五是区别"译"（translate，render）与"释"（paraphrase，interpret，explain）和"解说"（interpret，narrate，comment）。

综上所述，这里给翻译一个新的定义如下：基于对上述新近的定义及其评述，我们认为"翻译，从狭义上讲，意为译出语与译入语之间的信息转换或交换的行为、过程、文本或行为者"。从广义上讲，"翻译意为以特定的目的，按照翻译材料接受者熟知的交流方式和习惯，使其弄懂原本不懂的翻译原材料（sourcematerial），包含有声语言符号、无声语言符号、有声非语言符号、无声非语言符号，也包括具体的行话、黑话、特殊群语、编码和解码、编程和解程的内容的行为、过程、材料或行为者"。新定义有以下几个特征：

1. 狭义的"翻译"的基本属性是语际的信息转换或交换的行为。

2. 广义的翻译不仅是语际的转换，而且是扩展到语内 [各语种之内有古文与现代文、民族普通语与方言、标符、行话、群语、暗语、程序（计算机语言）、编码等之间的信息转换或交换]。

3. 将用于翻译的语言（译出语和译入语）中的"语（言）"改成"材料"（material），对原有定义做了关键性的拓展。原因是"语言"不能包括标符，"信息"则不可概括形式，而"材料"二字包容所有的内容、形式及符号等，即翻译材料接受者需要的所有东西，包括口语中说话者的表情、服饰、语气、重音等言外之内容。

4. 该定义反映了翻译最基本的特征。凡具备这样特征的行为、过程、文本（含符号）和执行者，都叫作翻译，至于翻译的标准有最低标准、一般标准，也有高标准，凡能满足最低标准要求的就可叫作翻译。

5. 该定义将翻译的目的性加入定义之中。因为翻译是要让不懂原材料者弄懂材料的内容。每一次翻译都会有一个或几个目的，目的是否达到是翻译是否成功的标准。该定义全面科学概括了翻译的属性，符合翻译实践。

6. 新定义言简意赅、概括全面，突破了翻译仅仅是一种语际信息转换的"行为"的狭隘的定义，扩展至文本（含符标）、过程和执行者。

总之，新的定义有了较大的突破，从仅指有声有形的语言到有声或无声语言与非语言符号。全面概括了翻译实践中的一切现象，把普遍认为的信息的交流与交换改为了翻译接受者所有不懂的内容和材料。本节通过对近几年中外主要翻译新定义的评析，根据上篇论文《翻译定义再探——翻译定义难原因探析》查找出的翻译定义难的四大原因，在此基础上提出了新的翻译定义，并评析了新定义别于已存的定义的特征，有利于从更加广泛的视角和翻译涉及的内容和领域，科学客观地理解认识翻译的本来面目和新的形象，为翻译学科专业的发展，为丰富翻译理论研究，提供了更为丰富的材料、为翻译更好地服务于社会，起到了抛砖引玉之功效。

第二节　为什么要学习翻译

为什么要学习翻译呢？对于这个问题，不同的人会有不同的回答。有人认为，学习翻译是为了应付考试；有人认为，学习翻译是为了掌握翻译的技巧；有人认为，学习翻译是为了提高自己的翻译能力；有人认为，学习翻译是为了打下一个良好的基础以便将来从事翻译工作。我们可以得到各种不同的回答，可以反映出不同的学习目的。不管你持有什么样的学习目的，不管你是为了当前的利益还是为了长远的打算，只要你学习翻译，都会给你带来实实在在的好处。通过学习，你会掌握翻译的技巧，提高翻译能力，同时也能提高英语水平。学习翻译，好处很多，主要体现在以下几个方面：

一、有利于加深对原文的理解和记忆

阅读英语时，我们并不一定对每个句子、每个短语、每个单词都有一个完全准确的理解。但做翻译时，你就得认真对待每一个句子、每一个词组、每一个单词。假如你不认识某个单词，不懂某个词组，或对某个句子表达的意思一知半解，那么，你就难以进行英汉之间的翻译。如果你对词句理解不深，你就不可能正确地进行翻译。所以，翻译要求译者对原文要有一个深刻准确的理解，这样才有可能翻译出好的译文来。比方说，对于一个复杂的英语句子，首先你就要对句子的结构有一个清楚的认识，要理顺句子之间的关系，然后才能进行翻译。对于简单句子来说，正确的理解也是必不可少的。例如，有这么一个英文句子："The government should not waste money supporting lame ducks." 如果理解不到位，就会把这个句子译为"政府不应该浪费资金来支持跛鸭"，这样的译文肯定是不正确的，没有人能看得懂"跛鸭"表达的意思。在这种情况下，就要去查字典，要搞清楚 lame ducks 所表达的意思。从字典中，你会了解到，lame ducks 是一个固定词组，表达的意思是"处于困境无法自理的人、组织或事物"。所以，上面的句子要翻译为"政府不应该浪费资金去扶持那些无望的企业"。通过这个句子的翻译，你就很可能把"lame duck"这个短语记下来，把它的意思记下来。如果再次见到"lame ducks"，你就不会轻易地把它理解为"跛鸭"了。实验证明，只有理解了的东西才能记得快、记得牢。翻译，能够促使我们加深对原文的正确理解，增强我们对翻译内容的记忆，不失为英语学习的一种好办法。

二、有利于英语整体水平的提高

学习翻译不仅仅能够提高翻译的技能和技巧，而且有利于英语整体水平的提高，这是因为，"译"并不是孤立存在的，而是和"听、说、读、写"紧密相连、相辅相成的。

一定的听、说、读、写能力有助于翻译水平的提高，这是不言而喻的。反过来，一定的翻译能力也有助于听、说、读、写水平的提高，这也是事实，也被越来越多的人所认可。如果你想提高自己听、说、读、写的能力，那你也需要提高自己的翻译能力；如果翻译能力提高了，听、说、读、写能力也一定会得到提高。比方说，当你看到这样一个英语句子："The leopard cannot change its spots." 这个句子按其字面意思可翻译为"花豹改变不了身上的斑点"，暗含的意思是"本性难移"。通过翻译，你就懂得了这个句子表达的意思，而且你也能比较容易地把这个英文句子记下来。当你再次见到这个英语句子，你就会明白它所表达的意思，而不会一个词接一个词地去读、去理解、去翻译。假如你听到这个句子，你马上就能明白这句话的含义。如果你想要表达"本性难移"这个意思时，你就会想到这个句子。相反，如果你第一次看到这个句子，就没有弄清楚它的意思，如果你要表达"本性难移"你就得冥思苦想了，你就会去考虑"本性"用英语怎么说，"难移"用英语怎么表达。再比方说，如果你掌握了一定的翻译技巧，翻译起来你就会得心应手，当你看到"He is a tremendous walker"这个句子时，你就会把它译为"他很能走路"，而不会直译为"他是一个惊人的步行者"。如果你再次看到或听到这个英语句子，你马上就能明白其意；倘若你要表达一个人很能走路时，你就会想到这个句子，就可能会用到这个句子。相反，如果你翻译知识欠缺，不懂翻译技巧，那么对于"He is a tremendous walker"这样比较简单的句子，你可能也会感到束手无策，你很难用地道的汉语把它表达出来。即使你再次见到或听到这个句子，你还是不懂其意。

所以说，"译"并不是独立存在的，而是和"听、说、读、写"有着密切联系的。学好翻译，对于听、说、读、写，能起到积极的促进作用。反过来，良好的听、说、读、写能力对于翻译也有一个极大的推进作用。你读的东西越多，懂得的东西也越多，搞起翻译来自然也就容易得多。翻译的过程同时也是一个学习的过程，不管是一个句子，还是一篇文章，如果要把它翻译成汉语，你肯定能够学到一些东西。在翻译的过程当中，如果你不认识某个词或某个短语，那你就必须去查阅词典，这就是学习。词典，这就是学习。在翻译的过程中，你熟悉翻译内容，了解背景知识，查阅有关资料，当然还要运用翻译技巧，这样才能翻译出忠实、通顺、地道的汉语句子来。可以说，翻译是一种很好的学习过程，有利于英语整体水平的提高。

三、有利于翻译能力的培养和提高

但是，学习翻译最直接的好处是：启蒙学习者的翻译意识，帮助学习者了解一定的翻译理论知识，掌握一定的翻译技能和技巧，提高翻译能力。

翻译时，许多学生只是按照英语的词义、语序进行翻译。比如，有这样一个句子："After the removal of her left breast because of cancer in 1970.Mrs.Joan Dawson（not her real name），54，of New York City，spent the next three years，battling depression and a sense of loss." 由于不懂翻译技巧，大多数学生翻译出来的译文是这样的："自从 1970 年因患癌症切除了左边的乳房后，简·道森夫人（非真名），54 岁，纽约人，花了接下去的三年时间与沮丧与失落感做斗争。"单从字面上看，译文体现了原文的特征。但从汉语表达来看，译文存在问题：一是与汉语"一般先交代时间、地点和人物，然后说发生了什么事"的叙述顺序不一致；二是"简·道森夫人（非真名），54 岁，纽约人"读起来像是"通缉令"用语，不适合具体语境；三是译文过分拘泥于原文，如"spend"的本义是"花费"，主动意味较强，但道森夫人并非主动或愿意用三年时间去和"沮丧"做斗争。译文宜译作："1970 年，54 岁的纽约市民简·道森夫人（非真名）因癌症切除了左乳。此后三年，她一直受着沮丧和失落感的折磨。"

所以，学习翻译技巧、掌握翻译知识、提高翻译能力是很有必要的。要读一些翻译方面的书，要做翻译方面的练习，这样才能提高自己的翻译能力。比方说，大学英语教材里有这样一个句子："My fingers gripped the small worn blue leather copy of the book that was to identify me to her." 译文是"我手里紧握着那本小小的让她辨认我的蓝色羊皮面旧书"。在没有学习翻译技巧之前，学生认为，上面的译文正确。但学习了翻译技巧之后，学生认为，上面的译文没有真正表达原文所要表达的意思，主要问题是定语从句的处理方法不当。在上面的句中，"that was to identify me to her"从语法上讲是一个定语从句，但从逻辑意义上来讲是一个状语，表示目的，翻译成汉语要用一个句子表达。而原译文把定语从句当作前置处理是不妥当的，"书"前的定语有点牵强。所以，上面的译文可改译为："我手里紧握着一本小小的蓝羊皮面旧书，好让她辨认出我来。"

四、有利于继续深造

为了能够学到更好的科学知识，每年都有成千上万的人考研、考博，应试者除了应具备较为扎实的专业知识以外，还要具备较高的外语水平。但考生的外语水平怎样呢，从近几年硕士研究生英语考试的成绩来看，好多考生分数较低，水平不高。所以，要考研，就要学好英语，就要学好翻译。要系统地学习一点翻译知识，了解一些翻译理论，掌握一定的翻译技巧；同时，还要进行翻译方面的实践。如果学好了翻译，掌握了翻译的技巧；那么在考试时，不会因长长的英文句子而感到不知所措，更不会手忙脚乱，相反，你会特别自信，非常镇静，会有条不紊地进行翻译，你就能够满怀信心地应对考试，你就可能取得好的成绩。

请看 2004 年考研题中的一个例句。

The Greeks assumed that the structure of language had some connection with the process of thought, which took root in Europe long before people realized how diverse language could be.

尽管这个句子没有什么生词，但句子的结构较为复杂，如果你没有学过翻译，没有掌握一定的翻译技巧，要面对这样一个长长的句子，翻译起来并没有把握，甚至会感到束手无策。如果你掌握了一些翻译的技能，你就会不慌不忙，认真对待，从容对待。

为了确切地理解原文，首先，可以分析一下句子的成分。这是一个复合句，主句是"The Greeks assumed that"引导的一个宾语从句。在这个宾语从句里，又有一个由 which 引导的定语从句。在定语从句里，又有一个由 before 引导的时间状语从句。在状语从句中，又有一个由 how 引导的宾语从句。句子分析之后，下来就要搞清楚这些句子成分都表达什么样的意思。首先要搞清楚一些单词和短语的意思。"assumed"一词在句子中的意思是"认为"，而不表示"假设"。宾语从句"that the structure of language had some connection with the process of thought"的意思是"语言结构与思想的过程之间有某种联系"。定语从句"which took root in Europe"可以理解为"这种想法扎根于欧洲"。时间状语从句以及所包含的宾语从句"long before people realized how diverse language could be"可以翻译成"早在人们意识到语言会有多么的不同"。最后，按照汉语的表达习惯，调整顺序，选用适当的词语进行表达。

参考译文：希腊人认为，语言结构与思维过程之间存在着某种联系。早在人们意识到语言会有多么的千差万别之前，这种想法在欧洲就已经根深蒂固了。

上面句子的翻译，主要采用了几种翻译方法：

①断句法（英语是一个长句，汉语译文是好几个短句）；

②重复法（英语中的关系代词which，汉语用"这种想法"表示）；

③语序的调整（句子的后半部分做了调整）。

如果不运用上述翻译方法，这个句子是很难翻译好的。

再看 2005 年考研的一道翻译题。

Television is one of the means by which these feelings are created and conveyed——and perhaps never before has it served so much to connect different people and nations as in the recent events in Europe.

上面这个句子倒是没有什么生词，只是句子结构有点复杂，理解起来有一定的难度。该句子是一个由 and 连接的并列复合句。破折号前是一个句子，破折号后是一个句子。在前面的句子当中，"by which these feelings are created and conveyed"是一个定语从句，先行词是 one。第二个句子是一个倒装句，其中的 it 指的是前面的 television，不定式短语"to connect peoples and nations"是目的状语。同时还要注意句型 so much...as. 表达时还要调整词序，注意汉语的行文习惯。

参考译文：电视是产生和传递这些感情的手段之一，就加强不同民族、不同国家之间的联系而言，也许电视还从未像在最近的欧洲事件中那样发挥过如此巨大的作用。

这个句子主要采用的翻译方法是：

①前置法（定语从句的翻译）；

②断句法（英语是一个句子，汉语是三个）；

③词序调整法（汉语没有完全按照英语的语序）；

④省略法（连接词等省略不译）；

⑤增词法（增加了英文里没有的一些词）；

⑥重复法（代词用名词表达）。

如果不掌握一定的翻译方法，就很难把上面两个句子翻译成地道的汉语，这样的翻译当然就不会得到高分，势必会影响英语考试成绩。

五、有利于适应社会的需求

随着中国市场日趋国际化，各种国际会议应接不暇，国外的资料和技术大量引进，社会对翻译工作的需求也日益增加。

随着经济的迅速发展，我国翻译市场规模每年都在急剧扩大。但现在翻译队伍却远不能满足市场需要，因为能胜任翻译工作的人才缺口高达90%，而且翻译的总体水平不高。尽管我国的翻译市场规模很大，而现在翻译公司的消化能力却非常有限。由于人才、技术的不足，大量的外文信息得不到翻译，无法消化来自国际的信息流，导致我们失去大量的商业机会。不少翻译家都有这样的看法。

可以清楚地看出，社会需要翻译，社会需要大量的翻译人才，而我国的翻译人才却远远不能满足社会的大量需求，这是一个非常突出的矛盾。我国的大学毕业生，翻译能力相对较低，好多人基本上不具备翻译能力，许多毕业生也因此失去了宝贵的就业机会。作为社会主义的建设者和接班人，我们肩上的任务重大而光荣，不但要掌握一定的专业知识，更应该掌握好英语，学好翻译，以便更好地为社会主义建设服务。

第三节　翻译的标准

翻译标准是翻译活动必须遵循的准绳，是衡量译文质量的尺度，也是译者应该努力达到的目标。但是，翻译界对翻译标准还没有完全一致的定论。在国外的译论中，引证得最多的是等值标准和等效标准。等值标准不但要求译文与原文的思想内容等值，而且要求与语言形式上等值。等效标准所追求的目标是：译文读者能和原文读者同样顺利地获得相同的或基本相同的信息，包括原文精神、具体事实、意境风格等。在我国，翻译界最具代表性的说法有以下几种：一是1898年严复在《天演论》"译例言"中提出的"信、达、雅"标准；二是1935年鲁迅在《题未定草》中提出"凡是翻译，必须兼顾两面，一当然力求其易解，一则保存着原作的风姿"的翻译标准；三是1951年傅雷在《高老头·重译本序》中提出的"神似"说——"以效果而论，翻译应当像临画一样，所求的不在形似而在神似"的翻译标准；四是1964年钱锺书在《林纾的翻译》一文中提出"化境"的翻译标准。此外，还有一种是张培基等人提出的"忠实、通顺"的翻译标准。笔者认为，严复提出的"信、达、雅"作为翻译的标准是最好不过的了，因为"信、达、雅"能够涵盖翻译的方方面面。

我们现在所谈论的"信、达、雅"，已经不拘泥于严复在《天演论》中所给之意，而是对它赋予了新的内容。所谓"信"，是指译文必须忠实于原文，忠实于原文的内容和风格。原文里怎么说，译文里就必须怎样去表达，译者不能把自己的意思加到译文里去，也不能把原文里的一些内容丢弃不译。"达"是指译文的通达流畅，就是说句子要通顺达意，要符合汉语的习惯表达。当然，这里的通顺达意是建立在忠实于原文基础之上的，而不是随意的通顺达意。"雅"是指句子的美。这种美，指的是从选词到造句的一种完美组合，是译文最能表现原文内容的一种表达方式。"雅"不是指文字的典雅，当然也不是指好听的言辞。

因此，可以这样来说，"信"主要是从表达内容方面来讲的，"达"主要是从词与词的搭配来讲的，"雅"则主要是从表达形式、用词造句等方面来讲的。"信、达、雅"是一个整体，相互联系，互为一体，缺一不可。"信"是通过"达"和"雅"来体现的，而"达"和"雅"又寓于"信"中。"信"表达的是原文的思想内容，"达"和"雅"则是表达原文思想内容的载体，通过"达"和"雅"尽可能地把原文的思想内容和风格表现出来。没有"信"，就谈不上"达"和"雅"，没有"达"和"雅"，"信"也就不存在了。这是矛盾的统一，是问题的两个方面，它们相互联系、相互依存。

译事三难：信、达、雅。在翻译的过程当中，译者一定要认真对待，不能有半点的粗心大意。否则，简简单单的一句话，普普通通的一个词，甚至一个小小的标点符号，都会影响译文的质量，甚至酿成大错。现在让我们结合一些翻译实例来谈一谈翻译的标准。

一、"信"是根本

翻译最为重要的就是"信"，就是说译文要忠实于原文。这个忠实是意义上的对等或接近，而不只是求得形式上的相等。"信"是最根本的东西，如果译文离开了"信"，那就是"胡译、乱译"，那样的翻译是毫无意义的。许多翻译名家提出的翻译标准虽有所不同，但他们都有一个共同之处，那就是译文要忠实于原文，也就是译文要"信"。

我们所说的"信"，就是指译文忠实于原文，这里的忠实，是意义上的忠实。只要译文能最准确完整地把原文的意思表达出来，这就是"信"。

要求译文的"信"，首先就要对原文有一个深刻的理解，不能一知半解，不能似懂非懂，更不能生吞活剥，否则译文是难以置"信"的。要理解原文，要吃透原文的精神，就要对原文认真阅读，仅仅弄清楚字面上的意思是不够的，还要弄清字里行间的意思。在阅读的过程当中，还要注意语境，根据上下文全面地而不是孤立地去理解一个单词或一个句子，要从句段甚至语篇的角度去考虑、体会和理解。对于那些生词难句要认真对待，对于常用词和简单句也不能掉以轻心。在很多情况下，问题就是出在常用词和简单句上面。请看下面的例子：

（1）So, here, the art people soon came, hunting for north windows and Dutch attics and low rents.

原译：因此，搞艺术的人不久都来到这里，寻找朝北的窗户和荷兰式的阁楼，还是低廉的房租。

评析：这段译文从字面上来看和原文是对等的，好像是忠实于原文的，但是，这个译文并没有完全准确地表达出原文的思想内容。"搞艺术的人"找"荷兰式的阁楼"可以住下来，那么找"朝北的窗户"是干什么呢？找"低房租"又是为了什么呢？这就令人费解了。原译者对于上文中 and 的翻译是不正确的，没有理解 and 所表达的意思，因此就出现了误译。在 hunting for north windows and Dutch attics and low rents 这个短语中，hunting for 有三个宾语，即 north Windows，Dutch attics 和 low rents。但按其意思来讲，只有一个，那就是 attics，north windows 和 low rents 都是说明 attics 的。也就是说，这三个东西是一个整体，一个不可分割的整体，翻译成汉语不能分开表达。如果把它当成三个独立的东西来理解，那就完全错了。原译者对连接词 and 的理解是错误的，and 不仅仅可以理解为"和、与、及、同、并"，还可以表达其他的意思。请看：butter and bread 是"涂有黄油的面包"，而不是"黄油和面包"，and 不能理解为"和"；north windows and Dutch attics and low rents 不能理解成"朝北的窗户和荷兰式的阁楼，还是低廉的房租"而是要理解为"窗朝北开、房价低廉的荷兰式阁楼"。

改译：因此，搞艺术的人不久都到这里来，寻找窗户朝北、房价低廉的荷兰式阁楼。

提示：在翻译的过程中，一定要认真，哪怕是一个非常普通的词，都要仔仔细细，千万不可粗心大意，粗心大意是会出错误的。

（2）Suppose a collector with a bill for paints, paper and canvas should, in traversing this route, suddenly meet himself coming back, without a cent having been paid on account.

原译：假如有一个收账人，带着油彩、纸张和画布的账单走这条路线，往回走时竟然碰见自己，可是连一分钱的账也没收到，该多妙啊！

评析：meet 常表达的意思是"碰见、会见"等，但不能一见到 meet 就把它理解为"碰见、会见"，要根据上下文才能决定其含义。在上面的句子里，meet 根本不可能表达"碰见"这个意思，试想一下，一个收账人怎么可能碰见他自己呢？这样的表达肯定是有问题的，是不符合逻辑的，当然是错误的。

在 *Longman Dictionary of Contemporary English* 字典中，meet 其中的一个释义是 find，这才是 meet 在上面句中表达的意思。所以，上面句子里的 meet 应该理解为"发现"，而不是"看到"，这样理解才符合逻辑。另外，paper 在上面的语境里不能理解为"纸张"，"纸张"的语义范围很大，可指所有的各种各样的纸，很抽象，不具体，不宜用在上面的语境里。根据上下文，paper 指的是画画所用的纸，可译为"画纸"。

改译：假如有一个收账的，拿着油彩、画纸和画布的账单，走在这条路上，突然发现自己正往回走，可是连一分钱的账也没有收到，那才有意思呢！

提示：对于词的理解，一定要注意上下文，要注意逻辑。没有把握的词，要多查几本词典，不仅要查英汉词典，还要查英英词典。翻译出来的东西，要通顺流畅，要符合逻辑，至少在语言层面上没有什么问题。

（3）"bring me a hand-mirror, and the pack some pillows about me, and I will sit up and watch you cook."

原译："……先给我拿一面小镜子来，然后用枕头把我垫高点儿，我要坐起来看你煮点东西。"

评析：原译文将 pack some pillows about me 译为"用枕头把我垫高点儿"是不正确的，也是不符合逻辑的。从上文中我们已经知道，由于"说话者"（乔恩西）身患肺炎，久病卧床不起，身体相当虚弱，已经成了一个"没有血色的弱小女子"。这样的一个人怎能够坐得起来呢？即使坐了起来，倘若在屁股下面垫上几个枕头（some pillows），岂不是要从床上摔下来吗？我们看一看英语词典对 pack 的释义。一本字典的释义是：put soft material into or round（sth）to keep in safe。另一本字典的释义是：surround closely with a protective material。可见，pack 的意思是"为了安全起见，把柔软的东西放到……周围"或"用保护性的东西把……紧紧地围起来"。所以，pack some pillows about me 的意思应该是"在我周围放些枕头"，而不可能是"用枕头把我垫高点儿"。由于久病体弱，放些枕头，以便依靠，这样来理解是合情合理，也是忠实于原文的。

改译："……把小镜子给我拿来，然后给我身边放些枕头，我要坐起来看你做饭。"

提示：翻译不要想当然，不要自以为是，词义的选择一定要考虑到上下文，要考虑到语境，用词要准确，要符合逻辑，要和前后的词语融洽搭配，要忠实地再现原文的内容。

二、"达"是关键

"达"是指译文句子的通达、流畅。由于英语和汉语的表达方式不完全一样，句子结构和表达方式上都存在着很大的区别，所以，在翻译过程中，就不能完全照搬英语的句式结构，译文一定要按照汉语的句式结构进行表达，要注意词语之间的相互搭配，要合乎语法和逻辑。请看下面句子的翻译：

（1）Johnsy lay for a long time looking at it.

原译：乔恩西躺着，凝视了它很久。

评析："凝视"和"了"搭配在一起，在汉语里很少使用。"凝视"可以和"着"连用，如"凝视着远方"。

改译：乔恩西躺了很久，一直看着它。

提示：词与词的搭配非常重要，搭配不当，句子就会不"达"，就会影响对原文意思的表达，读起来会感到非常别扭。

（2）Sue found Behrman smelling strongly of juniper berries in his dimly lightedden.

原译：苏珊在贝赫曼那间灯光昏暗的屋子里找到他，他身上发出强烈的桧树果仁的味道。

评析：原译文里的谓语和宾语属搭配不当，"发出"和"味道"不能搭配在一起。我们可以说"发出香味、发出气味"等，但不说"发出味道"。"味道"是用感官感觉出来的，而不是某个物体发出来的。

改译：苏珊在贝赫曼那间灯光昏暗的屋子里找到了他，他身上有一股强烈的杜松子酒味。

提示：要注意词义的选择和词的搭配，对于同义词的表达，要反复推敲，不可粗心大意。

（3）And then, with the coming of the night, the north wind howled again. While the rain beat against the windows and pattered down from the low Dutch eaves.

原译：不久，随着夜晚的降临，北风又一次怒号，雨点不停地打在窗户上，从低矮的荷兰式屋檐上嗒嗒地往下流。

评析：原译句子看起来好像是很通顺的，但在逻辑上是讲不通的。"雨点不停地打在窗户上"，这是正确的，但"雨点"不能"从低矮的荷兰式屋檐上嗒嗒地往下流"。在英文里，beat 和 pattered down 共用一个主语 rain，这是完全正确的，翻译成汉语，如果还用一个主语，那就不正确了。beat against the windows 的主语可以是"雨点"，pattered down 的主语就不能再是"雨点"了，因为这不符合逻辑，只有"雨水"才能嗒嗒地往下流，"雨点"怎么能嗒嗒地往下流呢？所以，上文中的 rain，要根据后面两个不同的谓语用不同的主语表达，前一个用"雨点"，后一个用"雨水"。实际上，rain 可以表达"雨水"这样的意思。

英语中这种现象是很多的。比如，He caught the bus and cold. 就可译为"他倒是赶上了汽车，但却患上了感冒"。这个句子不能译为"他赶上了汽车和感冒"。要知道，catch bus 是"赶汽车"，而 catch a cold 却是"得了感冒"，尽管都是一个 catch，但和不同的词搭配就要用不同的动词表达。同样的，对于 Put on your cap and overcoat 这个句子，恐怕没有一个人会把它翻译为"戴上帽子，戴上大衣"，大家都会把它译为"戴上帽子，穿上大衣"。

改译：……雨点不停地打在窗户上，雨水从低矮的荷兰式屋檐上嗒嗒地往下流。

提示：这个译例说明，翻译一定要正确地理解词义，在此基础上，用恰当的汉语去表达。同一个词，如果和不同的词搭配，翻译成汉语，我们就得考虑汉语的表达。为了汉语的通顺，有时必须做出适当的改变。请看 achieve 在下面不同词组中的不同表达：achieve success 获得成功；achieve one's ambition 实现抱负；achieve notoriety 落得个丑名；achieve peace of mind 得到心情的平静。可以看出在不同的词组里，achieve 被译成了不同的词语。否则，汉语是不通顺的。

（4）Scientific methods of data collection and analysis will indicate trends, but they will not direct action.

原译：数据的收集和分析的科学方法可以指明发展的趋势，但不能指导具体行动。

评析："数据的收集和分析的科学方法"是不符合汉语语法的，表达的意思是不确切的，有歧义，可以理解为一个联合词组，由"数据的收集"和"分析的科学方法"并列而成，但这样理解，显然不符合原文的内容和精神。如果理解为偏正词组，由"数据的收集和分析的"来修饰"科学方法"，这样是符合原文精神的，但读起来却十分拗口，不是地道的汉语。这个句子的表达，可使用汉语中的"复指"。

改译：数据的收集和分析，这一科学的方法可以指明发展的趋势，但不能指导具体的行动。

提示：汉语里不要使用过多的"的"，不要把英语中的定语都译成"前置定语"。

（5）The red-rose brick work is exquisite everywhere as at Monticello—technically, long and short bricks, bounded by cement of which the lime was made of crushed oyster shells.

原译：像在蒙蒂塞洛一样，高雅的红玫瑰红砖房处处可见——从工艺上说，这是采用碾碎过的牡蛎壳制作的石灰砌合起来的长短砖块。

评析：破折号后面的译文有问题。主语"这"指代不明。根据上下文，前面只有"玫瑰色的红砖房"可指，再无它指。如果是这样，那么这个句子就是"玫瑰色的红砖房是采用碾碎过的牡蛎壳制作的石灰砌合起来的长短砖块"，其主要结构就是"砖房是砖块"，这在逻辑上就讲不通了。砖房就是砖房，不会是砖块，也不等于砖块。所以，这样的表达就是错误的。从逻辑判断的角度来讲，主项的外延不能大于谓项的外延，也就是主项所反映的对象范围不能大于谓项所反映的对象范围。该句的主项（砖房）大于谓项（砖块）的外延，所以，此句属于主项与谓项联系不当。

改译：像在蒙蒂塞洛一样，漂亮的玫瑰色砖墙处处可见——从工艺上来说，那些墙都是长短砖块相间，是用碾碎的牡蛎壳制成的石灰砌合起来的。

（6）The attitude was summed up by a friend's bright, lazy 16-year-old son, who explained why he preferred not to go to U.C.L.A. "I don't want to have to compete with Asians" he said, "They work hard and know everything."

原译：一位朋友的聪敏却很懒散的16岁儿子在解释他为什么不想上加州洛杉矶分校时说的话是对这种态度的高度概括。"我不想去那儿跟亚洲人竞争，"他说，"他们用功，什么都知道。"

评析：很明显，这个译文是不通顺的，前一个句子太长，而且层次也多，不符合汉语的表达习惯，尤其是"儿子"前的定语使用不当，"一位朋友的"后面加上"聪敏却很懒散的"，属于搭配不当，不符合汉语语法，句子也很难读，没有节奏感。

改译：我的一位朋友，有个 16 岁的儿子，很聪敏，却不太勤快，解释了为什么不想到加州洛杉矶分校上学的原因。"我不想去跟亚洲人竞争，"他说，"亚洲人很用功，什么都知道。"这番话是对这种态度的概括。

提示：英语的长句比较多，而汉语短句则较多。翻译时就要注意把英语的长句翻译成汉语的短句，以使译文更加地道。

三、"雅"是保证

我们所说的"雅"，就是指译文的美，主要表现在两个方面，一个是句子结构美，就是说译文的表达形式地道、恰当。另一个是词语美，是指用词准确，搭配合理，音节整齐匀称。一句话或一个句子，可以用不同的词和不同的结构进行表达，但是在一定的语境里，我们就要选用恰当的词句表达。比方说询问年龄，根据不同的询问对象，我们就要用不同的询问方式，就要选用不同的问语。如果是一个 3 岁的小孩，我们可说"小朋友，几岁啦？"如果对方和我们年龄相当，我们就可以说"你多大啦？"。如果对方是一个比自己父辈还要大的七八十岁的老者，那你就要用"您老高寿？"，虽然问的都是年龄，但我们却使用不同的词语和不同的表达方式，这就是"雅"。译文的"雅"，就是要求译者根据不同的语境，用恰当的词语以及恰当的表达方式把原文的思想内容风格等表达出来。"雅"不是指华丽的词句，"雅"也不是指好听的言辞，"雅"是在完整准确地传达原文思想、内容、风格的基础之上，能够给人一种美的感受。请看译例。

（1）Of the three hundred thousand Germans attacking Stalingrad，only ninety thousand starving soldiers were left.

原译：进攻斯大林格勒的 30 万德国人只剩下 9 万忍饥受饿的士兵。

评析：这个译文看起来好像是没有什么问题，但用一个句子表达，不符合汉语的表达习惯，尤其是用"忍饥受饿"做"士兵"的定语。另一个问题是译文前后表述不相一致，也不符合汉语的习惯表达。如前面说的是"德国人"，但后面却变成了"士兵"，难免会让人产生疑虑，读者看不清楚"人"和"士兵"之间的关系。我们知道，英语为了避免重复，常用不同的名词，或用代词来替代前面出现的名词。所以，英语中的替代现象比较普遍。在上面的英语中，前面的 Germans 和后面的 soldiers 指的都是同样的一类人。soldiers 是下义词，用来回指前面出现的上义词 Germans。但是在汉语中，替代现象不如英语多，通常都是依靠重复来表达的。所以，把 Germans 翻译为"人"使得句子意思比较模糊，表达

17

不相一致。翻译为"德军"会更好一些，意思更确切一些，后面的 soldiers 可用"他们"表达。

改译：进攻斯大林格勒的 30 万德军只剩下了 9 万，他们饥肠辘辘。

提示：替代词的翻译不容忽视。为了译文的确切，替代词要根据汉语的表达习惯进行表达，在很多情况下，替代词都要用它所替代的名词词义来表达。

（2）Yesterday, I bought a set of books with elegant binding.

原译：昨天我买了一套装帧精美的书籍。

评析：a set of books 表达的意思是"一套书"，如果译成"一套书籍"，那则是把书和书籍等同起来，把概念和种类搞混了。书和书籍属于两种不同的概念，即普遍概念和集合概念。"书"是普遍概念，反映"书"这一类对象，反映"书"的个体；而"书籍"则是集合概念，反映书的集合体，而不反映"书"的个体。所以，应把原文中的"书籍"改为"书"。

改译：昨天我买了一套书，装帧非常精美。

提示：译文要忠实于原文，用词要恰当，概念要准确，表达要合理。

（3）But he served less than half of that.He was out in 27 months.

原译：但他只服了不到一半的刑期，27 个月之后就出狱了。

评析：27 months 译为"27 个月"倒是没错，但汉语一般并不这样表达。汉语可以用"月"作为表达时间的单位，如 1 个月、3 个月、8 个月、11 个月等。也可以用"年"作为时间单位，如 1 年、两年等。如果是 6 个月，也常用"半年"来表示，如果是 12 个月，常用"一年"表示。如果是 18 个月，则用"一年半"来表示。如果是 19 个月，则用"一年零七个月"来表示。像上文中的"27 个月"最好用"两年零三个月"来表示，这样更符合汉语的表达习惯。

改译：但是，他服刑还不到一半的时间，即两年零三个月之后，他就出狱了。

提示: 词的翻译,要做到意义上的相等,同时还要使译文符合汉语的表达习惯。

第四节　翻译的过程

翻译的过程有三个，一是阅读理解，二是表达，三是校对。在这三个过程当中，阅读理解最为重要，它是翻译的基础，是翻译的根本。如果对原文没有透彻的理解，那就不可能进行正确的翻译，如果对原文理解有误，那么译文必然会出现错误。所以说，翻译前一定要对原文有一个透彻的理解。在理解的同时，就要选用适当的词语和适当的句子把原文的思想、内容、风格等表达出来。如果表达不当，译文就难以再现原文的内容和风格。所以，表达也是翻译过程中一个不可忽略的重要方面。翻译完成之后，还要认真校对，修正错误，使译文更加完美。

一、阅读理解

阅读理解，是指译者在翻译前通过阅读对原文信息的获得。在阅读原文的过程当中，一定要仔细，要认真，不仅要弄清字面上的意思，更要弄清字里行间的意思，要从句子、句段、语篇的角度去理解词义，从整体上把握句子表达的内容。

阅读原文，对原文有一个深刻的理解，这样才可能进行正确的翻译。有时候，一些句段要反复阅读，在阅读中深刻体会原文的意思。对于一些难以理解的句子，尤其是一些长句，可通过句子成分的分析，厘清句子之间、短语之间、词与词之间的语法关系和逻辑关系，以便完全准确地理解原文。对于那些似懂非懂的词和短语，一定要查阅字典，不能想当然，不能猜测，一定要准确地把握词义，真正弄清弄懂，然后才能动手翻译。请看下面的例句翻译：

（1）In Europe, as elsewhere, multi-media groups have been increasingly successful: groups which bring together television, radio, newspapers, magazines and publishing houses that work in relation to one another.

分析：这是一个复合句，主句是：multi-media groups have been increasingly successful，主句后面的 groups，是主句中 multi-media groups 的同位，其后的 which bring together television, radio, newspapers 是一个定语从句，修饰 groups。在这个定语从句里，that work in relation to one another 又是一个定语从句，as elsewhere 为插入语。在上面的语境里，groups 不可以理解为"小组"，而要翻译为"集团"。Bring together 可理解为"整合"。然后，把这些意思串成一体进行表达。

译文：就像在其他地方一样，在欧洲多媒体集团越来越成功，这些集团把相互有密切联系的电视台、电台、报纸、杂志和出版社整合在一起。

提示：对于复杂句子的理解，可对句子进行分析，厘清句子成分之间的关系。

（2）The German soldiers, completely unprepared for the Russians winters, frozen in their light summer uniforms.The German tanks lay buried in the heavy snowbanks.

原译：对俄国的严寒冬季毫无思想准备的德国士兵身着单薄的夏装，一个人被冻伤。德国人的坦克掩埋在深深的雪堆中。

评析：如何理解上面句子中的 completely unprepared for the Russians winter 呢？这个分词短语看起来好像是个定语，但实际上是个状语，相当于一个状语从句 as they were completely unprepared for the Russians winter，说明"挨冻"的原因。所以原译文把分词短语作为定语表达是不正确的。另外一个问题就是对 heavy 如何理解。在上面的句子里，heavy 被理解为"深深的"，但"深深的雪堆"是不符合汉语习惯表达的。在汉语里，用来修饰"雪堆"的词，可以是"大"可以是"小"，但就是不能用"深深的"去修饰。"深"常用来指"从水面到水底的距离"，也泛指"从地面往下或从外到里的距离"。例如，井有三丈多深，河水不深。而"雪堆"是在地平面以上，所以不可以用"深"做定语。词典对 heavy 的释义是：for used saying that there is a lot of something。根据这个意思，我们可用"大"来表示。

改译：对于俄国严寒的冬季，德国士兵毫无准备，身着单薄的夏装，一个个都被冻伤了。德军的坦克被大雪覆盖，形成了一个一个的大雪堆。

提示：在阅读的过程当中，不能孤立地去理解某一个词或一个短语，一定要注意上下文，要根据语境来确定词的意思。

（3）… but he goes to the hospital today to be made comfortable.

原译：……不过，今天还得把他送到医院，使他感到舒服些。

评析：把 comfortable 理解为"舒服的"，好像是对的，但在上面的句子中却是不合乎常理的，是不能被人们所接受的，所以也是不正确的。如果一个人生了病，是很难受的，是很痛苦的，去医院是为了解除痛苦，恢复健康，怎么可以说是为了舒服呢？上面这句话摘自 O.Henry 写的 "The Last Leaf" 一文。句中的 he 指的是一个名叫贝尔曼的画家，他年老体弱，患上了肺炎，已经是"没有什么希望"的人了。把这样的一个病人送到医院怎么让他舒服呢？

我们看一看字典对 comfortable 是怎么解释的。英汉词典给 comfortable 的汉语意思都是"舒服"，再没有别的什么意思。但是，在全英字典里，comfortable 除了表达 "feel pleasant" 这一意思以外，还可表达：not suffering much pain despite being ill or injured（*Macmillan English Dictionary for Advanced Learners*）。在 *Longman Dictionary of Contemporary English* 中，comfortable 的解释是：If someone who is ill or injured is comfortable they are not in too much pain. 从这两本全英文词典所给的解释来看，comfortable 可以理解为"疼痛、痛苦的减轻"。所以，根据上下文，上文中的 comfortable 可理解为"好受一些"。

改译：……不过，今天还得把他送到医院，使他感到好受一些。

提示：词义的确定一定要考虑到上下文，考虑到语境，不能想当然。对于没有把握的词，要多翻几本词典，不仅要查阅英汉字典，还要查阅全英词典，确保词义的正确性。

二、翻译中应注意的问题

在翻译的过程当中，为了更加透彻地理解原文，我们还应注意以下几个方面的问题：

1. 不能孤立地理解词义

一个英语单词或短语，表达的意思一般来说不可能只有一个，它可以表达更多的意思。但是在一个句子中，一个单词或一个短语表达的意思一般只是一个，这是由于它所处的语境所决定的。所以，要确定词的意思，译者不能凭主观想象，必须考虑词的语境，考虑上下文。比如，long 这个词，在下面不同的句子里，担当不同的句子成分，表示不同的意思。

（1）The trousers are one inch too long.

译文：裤子长了一英寸。

说明：上句中的 long 是个形容词，意思是"（空间上）长的"。

（2）He has been studying English for a long time.

译文：他学英语已经有好长时间了。

说明：句中的 long 是个形容词，意思是"（时间上）长的"。

（3）In the long run prices are bound to rise.

译文：从长远来看，物价肯定要涨。

说明：long 在句子中不能单独去理解，in the long run 是个固定搭配，表达的意思是"从长远来看"。

（4）We are longing for the winter holidays.

译文：我们盼望放寒假。

说明：上句中的 long 是个动词，意思是"渴望"。

（5）I've waited for this moment my whole life long.

译文：我一生都在等待这一时刻。

说明：long 是个副词，含有"贯穿某个时间"的意思。比方说，all day long 表达的意思是"一整天"。

（6）I cannot wait any longer.

译文：我不能再等待了。

说明：not any longer 是个词组，意思是"不再"，不能单独理解 longer.

（7）I waited three long hours.

译文：我足足等了三个多小时。

说明：long 表达的意思是"过长的、冗长的、缓慢的"，反映出说话人的态度。

（8）He is a long man.

译文：他个子很高。

说明：在上面的句子中，long 的意思是"高的"，而不是"长的"。

（9）They have a long family.

译文：他们的子女很多。

说明：long 表达的意思是"众多的"。

（10）It will not take long.

译文：这不需要很长时间。

说明：long 是个名词，表达的意思是"长时间"。

（11）We can surely overcome all these difficulties as long as we are closely united.

译文：只要我们紧密团结，我们就能克服一切困难。

说明：as long as 是固定词组，意思是"只要"，当然 long 是不能作为一个翻译单位来单独理解的。

从上面的译例中可以看出，在不同的语境里，long 表达的意思是不同的。一个词所表达的意思离不开语境，离不开上下文。所以，翻译时我们就要注意上下文，要根据不同的语境去确定词的含义，千万不可粗心大意，更不能望文生义。再看下面的几个句子。

（1）My English has got rusty.I must brush it up.

译文：我的英语已经荒疏了，必须重新学习。

说明：rusty 不译为"生锈的"，因为和主语不能搭配在一起，"英语"怎么会"生锈"呢？ brush 不能理解为"刷"，它和 up 一起构成一个短语，意思是"重新学习"。

（2）His Dutch is up.

译文：他正在火头上。

说明：在上面的语境里，Dutch 不能理解为"荷兰语"，也不能理解为"荷兰人"。Dutch 表达的意思是"火气，怒气"。

（3）The computer is too greedy on desk space.

译文：这台电脑在书桌上占去了很大的地方。

说明：greedy 不能直译为"贪婪的"，可引申为"占去了很大的地方"。

（4）It's really a rich joke.

译文：这真的是一个有趣的笑话。

说明：rich 不是"丰富的"，而是"有趣的"，因为后面的名词是"笑话"。

（5）She was rather short with him when he asked for help.

译文：他请她帮忙，但她却毫不客气地把他顶了回去。

说明: short 在上面的句子里不能理解为"短的"，而是要理解为"唐突无礼的"。

在阅读过程中，我们还要特别注意，有些名词不能以名词本身的意思直接翻译出来，因为，英语里为了避免重复，常常会使用不同的名词来指代前面或后面的名词。这些指代名词如果直接翻译成汉语，译文的意思就可能会产生歧义，甚至会是错误的译文。因此，在阅读的过程当中，一定要注意名词的替代，要能够正确认识替代词和被替代词。这样，才能正确地理解原文，才有可能准确地表达原文所要表达的意思。请看例句：

（1）"In only a few years we will be dialing telephone numbers by voice and the machine will recognize who we are." Cochrane said.

译文："要不了几年的时间，我们就可以通过声音来拨打电话了。那时，电话机就会辨认出我们是谁。"科克伦说。

说明：在这个句子中，the machine 指的就是前面的 telephone，在阅读时，就必须意识到这一点。如果不是从整个句子来理解词义，没有弄清这两个词之间替代和被替代的关系，那就很可能把 the machine 理解为"机器"，这样肯定就出错了。

（2）The car, and the roads it travels on, will be revolutionized in the twenty-first century.The key to tomorrow's "smart cars" will be sensors. "We'll see vehicles and roads that see and hear and feel and smell and talk and act." predicts Bill Spreitzer.

原译：汽车及其行驶的道路，将在 21 世纪发生重大变革。未来"智能汽车"的关键在于传感器。"我们会看到能看、能听、有知觉、有嗅觉、会说话并能采取行动的车辆与道路"，比尔·斯普雷扎预言道。

评析：在上面的句子里，把 vehicles 译为"车辆"好像没有什么不对，看起来好像是忠实于原文的，但实际上是不确切的。一个单词所表达的意思必须通过上下文才能确定，一旦离开了上下文，词义是无法确定的。在上面的句子里

23

vehicles 是个替代词,指代前面出现的 smart cars,而 smart cars 指代的又是最前面的 the car。所以,vehicles 应理解为"汽车",而不是"车辆"。"车辆"是一个上义词,其语义范围比"汽车"的语义范围要大得多,可以指"卡车、公共汽车、拖拉机、摩托车、三轮车、自行丰"等。所以,把 vehicles 译为"车辆"是不正确的。

改译:在21世纪,汽车和行驶汽车的道路将会发生重大变革。未来"智能汽车"的关键在于传感器。"我们将会看到,汽车和行驶汽车的道路会听话,有知觉,有嗅觉,能说话,能采取行动",比尔·斯普雷扎预言道。

(3)They also reported that a fence now separates their neighborhood from the railroad track.

原译:他们还说,现在有道栅栏把他们的街坊与铁轨隔开了。

评析:这个句子摘自一个故事的结尾部分。单从这个句子来看,译文好像是忠实于原文的。但是,如果你要是把这个故事从头到尾看一遍,你一定会对 neighborhood 的译文产生疑问。因为在文章的开头,有这样的一段描述。Monday, May 1, 1989 was a pleasant morning in Ramsey, N.J.Kate Pritchard bent over her car trunk and struggled with the bags of groceries she'd just brought home. She heard the distant cry of a locomotive horn.The trains of Conrail passed less than 300 feet from the Pritchards'house.No fence separated their backyard from the track—only a thick row of trees.But, her sons, 3-yearold Todd and 18-month-old Scott.Was nearby, playing on the driveway. 从上面句子了解到"在他们的后院和铁轨之间,没有什么栅栏之类的东西,只有密密麻麻的一行树"。这样的描述会使你想象到这家人可能住在乡村。当你在文章的后面看到"They also report that a fence now separates their neighborhood from the railroad track"这样的句子,那么你就很容易地联想到前面提到的 backyard,所以你就不会轻易地把 neighborhood 理解为"街坊"了。

neighborhood 是个上义词,意思是 area near aparticular place(《牛津高级英汉双解词典》),backyard 是个下义词,用来指代后面的 neighborhood。所以,必须从语篇的角度来认识 neighborhood,只有当你明白了 neighborhood 和 backyard 之间的替代关系,你才能对 neighborhood 有一个正确的理解,你才会把"后院",而不是直接译为"街坊"。如果仅仅是从词的角度进行理解,很可能把 neighborhood 直译为"街坊"了。

改译:他们还说,现在有道栅栏把他们的后院与铁轨隔开了。

（4）"He's the same man who opened his dime store on the square and worked 18 hours a day for his dream."says Mayor Richard Hoback.

原译："他还是那个在市政广场开廉价店、为了自己的梦想每天工作 18 个小时的人，一点没变。"市长理查德·霍巴克说。

评析：这个译文的问题主要是对 Mayor 的理解。*Macmillan English Dictionary for Advanced Learners* 给 mayor 的定义是：the most important elected official in a town or city，可见 mayor 可以是镇长，也可以是市长，要根据上下文定义。

那么上面句子的 Mayor 是"市长"还是"镇长"呢？从上文中我们知道，"他"开的廉价商店，是在阿肯色州的一个偏远小镇，只有 9 920 人，而并非在什么城市里面。请看原文：Then he was off to the house, wheeling past the sleepy town square in Bentonville, a remote Arkansas town of 9 920, where Sam Walton started with a little dime store that grew into a ＄6 billion discount chain called Walmart. 所以，上面句中的 Mayor 并非"市长"，而是"镇长"。

改译："他还是他，那个在广场开廉价店的他，那个为了实现自己的梦想每天工作 18 小时的他，一点都没有变啊！"理查德·霍巴克镇长说。

小结：上面几个译例表明，对于词的理解，一定要考虑上下文，不能孤独地去理解，尤其是对于替代词的理解，更需要仔细，一定要注意词的语境，要有语篇意识，要能够认清被替代的词，这样才能准确地把握词义，准确地表达出原文所要表达的意思。如果我们只是从单词的角度去理解单词，而没有考虑其语境，没有考虑上下文，那样的理解肯定就会出偏差，就会出问题。

2. 不能按字面意思理解固定词组

有时候，有些句子中虽然没有生词，但翻译起来并不容易，一些句子句法虽然简单，但直译出来，译文却不通顺，或者不表达什么意思。在这种情况下，我们就要检查一下，看一看句子里面有没有固定词组。对于固定词组，我们必须把它作为一个翻译单位来理解，不能一个词一个词地去理解。自己不懂的或是没有把握的词组就要去查字典。请看下面的句子：

（1）It's no use to ask him.He is only a rubber stamp or yes man there.

译文：问他没用。他在那里只是个唯唯诺诺的人。

（2）I'm not going to accept your rubber check again.

译文：我不会再接受你的空头支票了。

（3）Peter's girl friend is really out of this world.

译文：彼得的女朋友真是美若天仙。

（4）I was in the dark about it until she told me.

译文：这件事在他告诉我之前，我毫不知情。

三、语言表达

语言表达也是翻译过程中一个非常重要的方面。语言表达就是把英语原文的思想内容用汉语表达出来，并努力使语言表达得体，用词恰当、规范，句式合理，保持原文的风格，符合汉语的表达习惯。

语言表达牵涉到两个层面，一个是词汇层面，对一个是句子层面。指的是翻译过程中选词用词，就是用恰当的词语进行表达；句子层面指的是句式结构，就是使用恰当的句子进行表达。两个层面都很重要，都不能忽视，不管是用词还是造句都要符合汉语语言的表达习惯，符合原文的风格，要规范语言文字，避免"翻译腔"出现，务必使译文忠实地道、优美自然。在表达的过程当中，有些词不能套用词典中所给的释义，而是要根据上下文，根据汉语的表达习惯，选用适当的词语进行表达。有些词句可直接按其字面意思进行表达，这就是人们所说的"直译"。有些词句，则不能按其字面意思表达，必须变通，这也就是我们所说的"意译"。比方说，Don't even think about it. 这是美国人表示断然拒绝时常用的一句话。按照字面意思，就可翻译为"甚至不要去想它"，但这样的表达不符合汉语表达习惯，所以就要用意译来表达这个句子，可译为"没门""想得倒美"等。虽然和原文相差很远，但忠实地再现了原文的意思，有些句子必须打破原有的结构，重新构建新的句式结构。从某种意义上来说，表达的过程是一个创造的过程。所以，译者不能拘泥于英语的句子结构，不能模仿英语的表达方式，不能照搬英语的词组搭配，用词造句要符合汉语语法，要符合汉语的表达习惯。可见，表达不是词对词的简单地对译，而是一个较为复杂的过程。

作为一名译者，要具备一定的汉语水平和一定的语法知识，还要有一定的文学素养和语言文化知识。这样，翻译出来的东西才会和原文一样具有生命力，一样具有感染力。然而，在翻译的作品当中，表达方面存在的问题是比较多的，这不能不引起我们的注意，请看下面的译例：

（1）Every life has its roses and thorns.

原译：每个人的生活都有甜有苦。

评析：把 roses and thorns 引申为"有甜有苦"是非常正确的，也是非常必要的，但表达的顺序不对，不符合汉语的习惯表达。我们很少说"甜和苦"而是说"苦和甜"。所以，原译文"有甜有苦"要调整为"有苦有甜"，这样才符合汉语的表达习惯。

英语中有许多短语的表达顺序和汉语的表达顺序是不相同的，翻译时必须留心，所以汉语译文不能套用英语的词序。比如说，英语中的 fire and water，汉语就要用"水火"来表达，词序要颠倒，而不直译为"火水"。又如，英语说 rich and poor，而汉语要翻译成"贫富"，而不说"富贫"。这方面的例子是很多的，如 short and long 汉语是"长短"，而不是"短长"；right and left 要翻译为"左右"，而不能翻译为"右左"；old and new 是"新旧"；hard and soft 是"软硬"；waters and mountains 是"山水"。像这样的例子还有很多，在表达的过程当中，我们务必按照汉语的习惯来表达，而不能拘泥于英语的词序。

改译：每个人的生活都是有苦有甜的。

提示：汉语的表达不要拘泥于英语的词序，在忠实原文的基础上，译文一定要符合汉语的表达习惯。

（2）Only a very silent and very scattered ripple of halfhearted hand-clapping greeted him.

原译：欢迎他的只有几下轻轻的、零零落落的、冷冷淡淡的掌声。

评析：汉语的译文定语虽然不长，但不地道，显得非常别扭。"几下轻轻的、零零落落的、冷冷淡淡的"作为"掌声"的定语，使得句子松松散散，没有一点节奏感，没有一点美感。

改译：欢迎他的掌声只有那么几下，响声不大，七零八落，十分冷淡。

提示：定语的翻译要特别注意，不少人总是习惯把英语的定语翻译成"……的"，放在名词之前。但是，这样的"前置法"只适宜于部分定语从句的翻译，许多句子中的定语从句是不宜用这种方法翻译的。所以，翻译方法的运用，要考虑到上下文，要根据不同的功能和意义来选择适当的翻译方法。

（3）She is righted-handed, and now she is unable to move her right arm and leg—they are worthless to her.

原译：她是个右撇子，如今却不能移动她的右胳膊和右腿——对她而言，它们就没有用了。

评析：把 righted-handed 直译为"右撇子"是不妥当的，因为汉语里就没有"右撇子"这一说法。尽管人们总是把习惯使用左手的人说成是"左撇子"。

righted-handed 可翻译为"习惯使用右手"来表示。还有一个就是人称代词的翻译。代词在汉语中的使用并不像英语中那样广泛，所以 they 最好译为名词，不要直译为代词。

改译：她习惯于使用右手，但如今她的右胳膊和右腿动都动不了了，这胳膊和腿也就没有用了。

提示：词语的翻译，能直译的就直译，不能直译的就要意译。但不要随便造词，汉语里没有的词就不要使用。

（4）Adults gave us long，doubting looks.

原译：成人则对我们投以长长的、充满怀疑的目光。

评析：把 looks 译为"目光"，是非常恰当的，把 doubting looks 译为"充满怀疑的目光"，是没有什么问题的。但不能把 long 译为"长长的"和"目光"不能搭配在一起，因为汉语中就没有"长长的目光"这一说法，把 long 按"长时间"来理解，这个问题就会迎刃而解了。

改译：成人则用怀疑的目光，长时间地看着我们。

提示：同一个词，和不同的词搭配，表达的意思就可能不一样，翻译时要认真考虑，选用正确的词义和恰当的表达方式。

四、校对

翻译完之后，还要进行校对，要认认真真地校对，一点点的粗心大意都是不能有的。如果时间允许的话，可反复校对。要对照原文，看一看有没有漏译的或误译的，务必使译文在思想、内容、风格等方面尽可能地与原文保持一致。校对时要注意语言表达，注意译文的句式结构，注意词的搭配和词的表达。同时，还要从语篇的角度审视词句的翻译，力求使译文准确无误，通达自然。如果不进行校对，或者校对时马马虎虎，走过场，那么译文中存在的问题很可能就不会被发现。请看下面的两个译例：

（1）When our well-intentioned Chinese observers came to Benjamin's rescue, they did not simply push his hand down clumsily or uncertainly as I might have down. Instead， they guided him extreme facility and gentleness in preciselydesired direction.

原译：那些善意的中国旁观者前来帮助本杰明时，他们不是简单地像我可能会做的那样笨拙地或是犹犹豫豫地把他的手往下推。相反，他们极熟练地、温和地把他引向所要达到的确切方向。

评析：上面这段译文，如果我们认真对照检查，就能发现译文中存在的问题。"……把他引向所要达到的确切方向"，这个译文看起来和原文是相吻合的，没有什么不对，但仔细阅读上下文，我们就会发现这个译文的问题所在。从上文中我们知道，本杰明已经站在了正确的地方，也就是已经站在钥匙箱的前面，那么，"把他引向所要达到的确切方向"就让人摸不着头脑了，要到达的确切的方向是哪里呢？仔细阅读，你还会发现，they guided him 中的 him，字面意思是"他"，但实际表达的意思却是他的"手"。在英语里，可以用整体来指代部分，这是英语的一种修辞手段。如在 He turned pale when he heard the news. 这个句子中的 He，表达的意思是"他的脸"，而不是"他"。在上面的句子中，我们从上文中可知，they did not simply push his hand down，意思是"……不是简单地把他的手往下推"，所以，紧跟其后的句子 Instead, they guided him... 中的 him 就要理解为"……引导他的手"，而不是"引导他"了。

改译：那些善意的饭店工作人员前来帮助本杰明，不是简单地笨手笨脚或是犹豫不定地把他的手往下推（而我很可能就会那样去做），而是极其熟练地、温和地把他的手准确地引向确切的位置。

（2）I had applied for and obtained the job on Friday，received a day's training on Saturday，and now，on Sunday，as I was about take out an ice-cream van for the first time on my own.I was horrified to see snow starting to fall.The streets and roads were swiftly blanketed.

原译：我是星期五去应聘并得到这份工作的，星期六接受了一天的培训。星期天，正当我要首次独自把一辆冰淇淋零售车开出去时，惊恐地发现开始下雪了。街道和公路上很快便覆盖了一层白雪。

评析：这段译文好像没有什么错误，但如果仔细检查，我们就会发现有些地方还是可以改进的。

①把 had applied for and obtained the job 中的 and 译为"并"是多此一举，画蛇添足。我们知道，and 的译法有多种，译者要根据不同的语境选用不同的方法。在上面的句子里，and 是可以省略不译的，这样更符合汉语的习惯表达。如 He opened the door and saw an old man 可译为"他把门打开，看见一个老人"。这样的表达很地道，完全没有必要把这个句子译为"他把门打开，并看见一个老人"。

②在 obtained the job 中，定冠词 the 也没有必要译出来。the 的翻译也是灵活的，可以翻译成"这、那、这些、那些"等，也可以省略不译。在上面的句子里，把"the"译为"这份"是不正确的。因为第一次提到"这份工作"，读者就会感到莫名其

妙，不知道"这份"工作是指哪一份工作。

③把 received 译为"接受"倒是没有什么错，但却没有把作者第一次参加培新的心情表现出来。"接受培训"含有不得不的意思。如果改译为"参加培训"，可表现出作者第一次参加培训的积极态度。receive 的翻译要根据语境而定，如 receive acclaim from the audience 就可译为"博得听众的喝彩"。

④在 an ice-cream van 中，不定冠词 an 可以省掉不译。我们知道，对于不定冠词的翻译，要根据情况，并不是每一个都要翻译出来。如在"冰淇淋零售车"前加上"一辆"，反而显得累赘，不如省略不译。

⑤for the first time 译为"首次"是没错的，on my own 译为"独自"也是没错的，但是，"首次"和"独自"连在一起，听起来就不怎么好了，难以产生美感。可把 for the first time 改译为"第一次"。

⑥把 I was horrified to see snow starting to fall 译成"惊恐地发现开始下雪了"是不符合汉语表达习惯的，也是不符合逻辑的。按照逻辑，先是发现下雪，然后才会感到惊恐，尽管两个动作几乎同时发生，但还是发现下雪在前，感到惊恐在后。前一个动作表达原因，后一个动作表达结果。在汉语里，表达动作的顺序都是按照时间顺序来排列的；也就是说，先发生的先叙述，后发生的后叙述。例如，他一听到这个消息就哭了。所以，"惊恐地发现"是不恰当的。

⑦"街道和公路上很快便覆盖了一层白雪"这句话语法上是没有什么问题的，只是没有把作者所要强调的东西凸显出来。由于作者是第一次而且是独自一人驾车，所以他关注的是路面的状况。"街道和岔路上很快便覆盖了一层白雪"只是一种客观的叙述，表明路上街道上有一层雪，但从 The streets and roads were swiftly blanketed 这句话来看，作者想要强调的是，街道和岔路很快被雪覆盖，言外之意就是，路面难以辨认，给开车造成了一定的困难，所以，才使作者看到下雪而感到非常惊恐。所以，这个句子可改译为"街道公路很快被雪覆盖住了"，这样就把作者当时所担忧的那种心情刻画了出来。

改译：星期五我去应聘，得到了卖冰淇淋的工作。星期六参加了一天的培训。星期天，正当我第一次独自一人要把冰淇淋车开出去的时候，发现下雪了，我非常惊恐。街道公路很快就被雪覆盖住了。

校对是一件必不可少的工作，是翻译过程中不可缺少的一个环节，需要的是耐心和认真。不能马马虎虎，不能粗心大意。长句难句要认真，简单词句也要认真。只有认真，才能发现问题；只有认真，才能使译文更加完美。

第二章　英汉翻译的技能与技巧

第一节　英汉翻译常出现的问题

一、误译漏译

在一些翻译作品中，我们发现有些译文存在一定的问题，有些问题是一些小问题，不影响读者对原文的理解，有些问题是很严重的，没有忠实地表现原文的思想内容。下面的译例全都摘自正式出版的报纸、杂志、教材、小说等，所表现出来的问题主要在于漏译、误译和未完整地表达原文的意思和感情色彩。

（1）A persistent, cold rain was falling, mingled with snow.

译文1：外面冷雨夹雪，淅淅沥沥。

译文2：外面冷雨夹着雪花，淅淅沥沥固执地下个不停。

评析：两个译文都存在问题，而且都出在 persistent 这个词上面。persistent 可表示 refusing to give up 这样的意思，汉语是"坚持的、不屈不挠的"。也可表示 continuing without interruption，汉语是"持续不断的"。在第一个译文中，persistent 的意思没有表达出来，是漏译。"淅淅沥沥"是个拟声词，形容细小的雨雪声，并不能表达 persistent 所含的意思。第二个译文没有把 persistent 的词义选对，persistent 表达的应该是"持续不断地"，而不是"固执"，因为"固执"在汉语里含有贬义，一般用来修饰某一个人而不宜用在上面的语境里。

改译：冷雨夹着雪花，一直下个不停。

（2）The cold breath of autumn had blown away its leaves, leaving it almost bare.

原译：萧瑟秋风吹落了枝叶，藤上几乎光秃秃的。

评析：原文中没有把 cold 的意思表达出来，"萧瑟"的意思是"形容风吹树木的声音"，但并不表达 cold 的含义。另外，把 leaves 译为"枝叶"也是误译，因为"枝叶"表达的意思远远要大出 leaves 所表达的意思，leaves 在句中表达的只是"叶子"，而"枝叶"表达的不仅仅是"树叶"，还有"树枝"。

改译：冷飕飕的秋风吹落了藤上的叶子，藤枝上几乎是光秃秃的，没有几片叶子了。

（3）"You'll recognize me，" she wrote， "by the red rose I'll be wearing on my lapel." So，at 7:00 pm was in the station looking for a girl who had filled such a special place in his life for the past 12 months，a girl he had never seen，yet whose written words had been with him and sustained him unfailingly.

原译："你会认出我的，"她写道，"我会在衣襟上戴一朵红玫瑰。"晚上 7 点，他候在车站，寻找一位过去一年里在自己生活中占据了如此特殊地位的姑娘，一位素未谋面，但其文字伴随着他、始终支撑着他精神的姑娘。

评析：lapel 的意思是"翻领"，而不是"衣襟"。把 whose written words 译为"其文字"是字对字的翻译，没有真正表达出原文的意思。由上下文可知，whose written words 应该是"她写给他信中所说的话"，这样理解和这样表达更清楚一些。把 12 months 译为"一年"当然没错，但是没有把感情色彩表达出来。为什么英语不用 one year 而要用 12 months，原因是，作者想表达一年的时间对于两个用书信联系的一对情人来说是一个漫长的时间。所以汉语也要用"12 个月"来表达。

改译："你会认出我的，"她写道，"我会在翻领上别一朵红玫瑰。"于是晚上 7 点钟，他就在车站寻找这位姑娘。在过去 12 个月的时间里，这位姑娘在他的生活中占据了如此特殊的地位，虽然素未谋面，但姑娘信中所说的话一直伴随着他，始终支撑着他的精神。

（4）For a month in the spring of 1987，my wife Ellen and I lived in the bustling eastern Chinese city of Nanjing with our 18-month-old son Benjamin while studying arts education in Chinese kindergarten and elementary school.

原译：1987 年春，我和妻子埃伦带着我们 18 个月的儿子本杰明在中国东部城市南京住了一个月，同时考察中国幼儿园和小学的艺术教育情况。

评析：原译文中把连接词 while 译为"同时"是不正确的，因为此前的两个动作是不可能同时发生的。你不可能"住"在宾馆，同时你又去"考察"幼儿园。根据上下文，可把 while 译为"那段时间"。

改译：1987 年春，我和妻子埃伦带着我们一岁半的儿子本杰明在中国东部城市南京住了一个月。在此期间，我们对幼儿园和小学的艺术教育进行了考察。

（5）Sam in the parlour, his boss was at lunch on chop and wine.

原译：山姆走进客厅，他的老板正在吃猪排、喝酒。

评析：原译中未把 at lunch 的意思表达出来，属于漏译。

改译：山姆走进客厅，他的老板正在吃午饭，有排骨，还有酒。

（6）When you listen to people speak a foreign language that you understand, have you noticed the the native speakers of that language use words and phrases in a manner different from what you are used to?

原译：当你听到人们说你理解的外语时，是否注意到该语言的母语在使用这些词语时的习惯方式与你过去的习惯不同吗？

评析：这段译文至少有两处和原文不符：一是 the the native speakers of that language 所表达的意思是"以那种语言为母语的说话者"，而不是"该语言的母语"。二是 what you are used to 所表达的意思是"你已经习惯的方式"，而不是"你过去的习惯"。

改译：你听别人讲你能听懂的外语时，你是否注意到以这种外语为母语的人，他们使用词语的方式和你习惯使用词语的方式是不同的。

（7）The unwritten "rules" are confusing and creat misunderstanding even for native speakers.

原译：未成文的"规律"时常混淆，产生误解，甚至对本国语言读者也如此。

评析: misunderstanding 应译为"规则"，"规则"是人们制订的，可书写成文；"规律"是客观存在的，是不以人的意志为转移的，是不可能时常"混淆、产生误解"的。native speakers 是胡乱翻译的，"本国语言读者"一来不忠实于原文，二来搭配不当。根据上下文，native speakers 指的是"美国人"，所以这个可译为"美国人"。

改译：未成文的规则会把人搞混，甚至美国人也会产生误解。

（8）For Americans, this expression is used as a polite response to different kinds of favors and compliments.

原译：对美国人来说，这种习惯说法用来作为对各种好感和致意的礼貌性回答。

评析：尽管 favors 和 compliments 分别含有"好感"和"致意"的意思，但在此句均属误译。favors 表示的是"善意的行为"，通常用"帮忙"来表示，compliments 可理解为"恭维、称赞"。

改译：对美国人来说，这种表达方式，是对大大小小的帮忙和各种赞扬的一种礼貌性回答。

（9）In English someone might say something that sounds like an invitation but that never results in a actual meeting another person.

原译：在美国，有人会说点什么，意思像是邀请，而其结局永不会出现与别人会面。

评析：很明显，译者将 English 当成 America 了。

改译：有人用英语说话，听起来好像在邀请别人，但实际上他绝对不会跟此人见面的。

（10）Acquiring a second language demands more than leaning new words and another system of grammar.

原译：学习第二种语言要求学新词和另一种语法系统。

评析：译文将 more than 所表示的意思没有表达出来，译文不够准确。

改译：第二语言的掌握，光靠学习生词和学习另一种语法体系是远远不够的。

二、硬译死译

所谓的死译硬译，指的是译者并没有真正理解原文的意思，对原文进行字对字的翻译，表面上看起来译文和原文完全保持一致，但译文并没有准确表达出原文所含的内容。翻译时，如果译者没有考虑到上下文，没有考虑到语境，没有考虑汉语的习惯表达。就很可能出现硬译死译，译文就不会忠实于原文，就不会地道自然。请看下面的翻译例句。

（1）"Twelve，" she said, and a little later "eleven"; and then "ten" and "nine"; and then "eight" and "seven"。almost together.

原译："12，"她数道，过了一会儿，"11"，接着数"10"和"9"；再数"8"和"7"，几乎一口气同时数出来。

评析：这段译文存在的问题是：①把 and a little later 译为"过了一会儿"字面是正确的，但实际上是不恰当的，因为后面讲到这几个数字是 almost together 讲出来的，数与数之间就不该有什么停顿。"过了一会儿"表达的时间是很长的，和前面的 almost together 的表达意思就不一致。②"几乎一口气同时数下来"的表达不妥当，也不符合逻辑。可以说"几乎一口气数下来"，但不可能是"几乎同时数下来"，几个数字是不可能同时数出来的，而且中间还有一个 a little later；原文中的 and 没有必要翻译出来。既然这几个数字之间间隔的时间很短，那么把几个 and 译为"和"就不妥当了。我们知道，英语重型合，就是说，词与词、词组与词组、句子与句子都要有连接词，这才合乎语法规范；但汉语重意合，连接词用得较少。所以，上面句子中的几个 and 翻译成汉语是不需要表达出来的。没有了"和"，句子反而显得更加紧凑，让人感觉到这些数字的确是没有间断一口气读出来的。

改译：她数了"12"，紧接着就数"11""10""9""8""7"，几乎没有停顿，一口气数了下来。

（2）Rudman pleaded guilty and was sentenced to a total of six years in prision for the robbery and shooting of Sminth…But he served less than half of that.He was out in 27 months.So that amounts to about a year for shooting and possibly disabling a cop，and a year for robbing a jewelry store.

原译：拉得曼认了罪，因抢劫和枪击史密斯共判处 6 年徒刑……但他只服了不到一半的刑期，27 个月后就出狱了。那就是说，枪击并可能致残一位警察只服了约一年的刑，抢劫珠宝店也仅服刑一年。

评析：首先，"27 个月"不符合汉语的习惯表达，应改为"两年三个月"。另外，把 about a year 译为"约一年"看起来是正确的，但实际上是不正确的。因为这个"约一年"加上后面的"一年"是"约两年"，和前面提到的 27 个月不相吻合。所以，在这个语境里，about a year 最好译为"一年半"。

改译：拉得曼承认有罪，因抢劫和枪击史密斯总共被判处六年徒刑……但是，六年的徒刑他只服了不到一半。两年三个月之后，他就出狱了。他因枪击警察可能使其致残服刑一年零三个月，因抢劫珠宝店服刑一年。

三、搭配不当

（1）Mr.Behrman died of pneumonia today in the hospital.He was ill only two days.

原译：见尔曼先生今天在医院里得肺炎去世了。他得病才两天。

评析："今天"和"在医院里得肺炎去世"搭配在一起，给人的意思是：贝尔曼先生的肺炎是今天才得上的。实际上，他发病都已经两天了。"得"字用得不好，可改为"患"字。英语里的 today，修饰的是 died，但在译文里，"今天"却用来修饰"得肺炎去世了"，这样就传达了错误的信息。

改译：贝尔曼先生因患肺炎，今天在医院里去世了。他发病才两天。

（2）Jefferson died long ago, but many of his ideas are still of great interest to us.

原译：杰斐逊已谢世很久，但他的许多思想仍使我们感到很大的兴趣。

评析："感到"和"兴趣"不能搭配在一起，"感到"后一般可跟形容词、动词或分句等做宾语，而"兴趣"是个名词。"感到"可改为"感"。

改译：虽然杰斐逊谢世很久，但我们对他的思想仍然很感兴趣。

（3）He practiced crop rotation and soil conservation a century before these became standard practice.

原译：在人们普遍采用农作物轮作和土壤保持的做法以前一个世纪。他就这样做了。

评析：在上面的译文中，"在……以前"和"一个世纪"的搭配是不正确的，因而表达的意思不清，"他就这样做了"表达的意思也不够清楚，读者看了之后，仍然不知道"他到底做了什么"。另一个不足就是原译文表达的重点不够突出，句子头重脚轻，读起来难以上口。

改译：他早就实施农作物轮作和水土保持。100 年之后，这些做法才被人们普遍使用。

（4）Just then she was astonished to see a figure appear out of nowhere.

原译：就在这时，她惊讶地发现不知从哪儿现出一个身影。

评析："惊讶地发现"从语义上来讲是不正确的。在表达一连串的动作时，汉语是按照其先后顺序进行表达的，即先发生的在前，后发生的在后。如我一进门就看见了他。在上面的译文里，"发现"这个动作在先，感到"惊讶"在后。所以，"惊讶地发现"这个搭配是不妥当的。

改译：就在这时，蓦地出现了一个黑影，她感到非常惊讶。

四、用词不当

（1）His wife screams and, still holding the baby, rushes to him.

原译：他妻子尖叫着奔到他身边，手里仍抱着婴孩。

评析：手作为主语，谓语可以是"握、拿、端、提、举"等，但不可以是"抱"。手怎么能"抱"呢？应该把"手里"改为"怀里"。

改译：他妻子尖叫着，跑到了他的身边，怀里还抱着婴儿。

（2）In language there are some tacit rules of speaking that, unlike rules of grammar or spelling, are not usually studied in a formal manner.

原译：语言中，有些讲法存在着默认的规律，与语法和拼写规律不同，在正规场合不一定学到……

评析：rules还是译为"规则"较好。"讲法"表达的意思不够准确，可改译"说话"。把 in a formal manner 译为"正式场合"，表达的意思也是不准确的，可改为"正规的学习方法"。

改译：与语法规则和拼写规则不同的是，语言中说话的某些规则是默认的，按照正规的学习方法通常是学不到的。

（3）In your language, do you thank people for trivial as well as important or unusual favors?

原译：在你的语言中，除了重要的或有异常的好感之外，你会为平凡琐事感谢人们吗？

评析：把 unusual favors 不要译为"异常的好感"，表达的意思不够清楚。翻译为"帮大忙"表达会更好一些。

改译：在你的母语中，别人帮你大忙你感谢他们，帮你小忙你也会感谢他们吗？

（4）He was only ill two days.He was found on the morning of the first day in his room downstairs helpless with pain.His shoes and clothing were wet through and icy cold.They couldn't imagine where he had been on such a terrible night.And then they found a lantern, still lighted, and a ladder that had been dragged from its place, and some scattered hrushes, and a palette with green and yellow color mixed on it...

原译：发病那天上午人家在楼下他的房间发现他疼得厉害。他的鞋子和衣服都湿透了，冰凉冰凉的。他们想不出那么糟糕的天气他夜里会去哪儿。后来他们发现一个灯笼，还亮着，还有一个梯子被拖了出来，另外还有些散落的画笔，一个调色板，和着黄绿两种颜色……

评析：在上面的译文中，"人家"这个词表达的意思不够准确。在汉语里，"人家"可用于：①泛称说话人和听话人以外的人，和自己相对，大致相当于"别人"。如话是说给人家听的，文章是写给人家看的。②称说话人和听话人以外的人，所说的人已见于上文。如他们这样关心我，我不努力，怎么对得起人家呢？那么，原译中的"人家"指谁呢？还有一个问题是前后表达不相一致。前面讲"……人家在楼下他的房间发现他……"，后面讲"他们想不出……"，前后两个句子中的人称不能很好地衔接。可用"人们"来代替"人家"。因为英语句子后面有代词 they，"人们"也就自然地和 they 保持一致。they 用来泛指，译为"人们"。

改译：他得病才两天。发病的那天上午，在楼下他的房间里，人们发现他疼痛难忍。鞋子和衣服全都湿透了，冰凉冰凉的。人们想不出在风雨交加的夜晚他会去哪里。后来人们在外面发现了一个灯笼，还亮着，还有一个梯子被拖到了那个地方，地上散落着一些画笔，有一个调色板，上面调和着黄绿两种不同的颜色……

五、结构不合理

（1）There will come a day when people the world over will live a happy life under the sun of socialism.

原译：全世界人民在社会主义阳光下过幸福生活的一天是会到来的。

评析：原译文主语的定语较长，使得整个句子头重脚轻。按照汉语的表达习惯，这个句子可用两个句子表达。

改译：全世界人将在社会主义的阳光下过幸福的生活，这一天是一定会来到的。

（2）The sun，which had hidden all day，now came out in all its splendor.

原译：那个整天躲在云层里的太阳，现在又光芒四射地露面了。

评析：把非限制性的定语从句作为前置定语是不妥当的，非限制性的定语用来补充说明先行词，而不是用来做限定的。太阳前的定冠词 the 没有必要翻译成"那个"。既然"太阳一整天都躲在云里"，所以"又露面"中的"又"是多余的，应去掉。

改译：太阳一整天都躲在云里，现在出来了，光芒四射。

（3）Do animals fall in love? These striking tales suggest that they may，but read on and decide for yourself.

原译：动物也有情？这些令人注目的故事表明它们也许就是，不妨读后自作判断。

评析："……它们也许就是"，表达的意思不清，人们看不明白，这样的表达是不完整的。从英语来看，they may 后省略了 fall in love。但是翻译成汉语，一般来说要把英语中省略的部分表达出来。正确的译文是"动物是有感情的"，代词 they 译成汉语，要用名词表达，这样更符合汉语的习惯表达。

改译：动物有感情吗？这些饶有兴趣的故事表明，动物是有感情的。还是读一读这些故事，然后再做出判断吧。

（4）And he invented a plow superior to any other in existence.

原译：他还发明了一种比当时任何一种都好的耕犁。

评析："耕犁"前的定语虽然不是很长，但不地道，有点啰嗦。我们可把这个句子分开，用两个句子表达。

改译：他还发明了一种耕犁，比当时的任何一种都好。

（5）Scientific methods are only an instrument.The man-educated man，the human，will have to set the target and，using the results obtained by science and his own engineering skills take upon himself the final shaping of his environment.

原译：科学方法只是一种手段，必须由自我教育的人（类）来确定目标，并利用科学的成果和自己的工程技术，承担起最后改造自己环境的责任。

评析：在原译文中，"科学方法"是第一个分句的主语，也是第二个分句的主语（属承前省略）。但后两句的主语是什么呢？从译文字面上来看，只能是"科学的方法"（同第二个分句的主语一样，都属于承前省略）。但这样理解，逻辑上是讲不通的，"科学方法"不能"利用科学的成果和自己的工程技术"，更不能"承担起最后改造环境的责任"。按照上下文的意思，后两句的主语应是"人"。从英文来看，也是如此，但原译文却没有这样的主语，而暗中却换上"科学方法"这一主语，从而使得句子意思不清，属主谓搭配不当。

另外，原译文将 the final shaping of his environment 译为"最后改造自己环境"，既不确切，也不上口。环境的改造，人类现在正在进行，过去也在进行，那什么是"最后改造"呢？词典给 shape 的解释是：to make in particular use.Finished shape or form，中文的意思是"形成、成型"。按照这个意思，整个短语的字面意思是人类环境的最后形成。但这样的表达，在上面的句子中意思还是不够清楚。我们可以这样来理解，人类环境的最后形成是要经过人类对环境不断改造、不断美化的过程。所以，"环境的最后形成"可用"对环境的不断美化"来表达。

改译：科学的方法仅仅是一种工具。人类是自我教育的，必须确定目标，利用科研成果和工程技术，承担起美化环境的责任。

第二节　英汉翻译的基本技能与技巧

一、翻译技能、技巧的获得和发展过程

翻译技能与技巧属于两个发展平面,因为它们的获得通常经历两个发展过程。

第一阶段:以基本认知为特征,人的认识一般起源于经验富集产生的认知,也就是我们常说的知识传授(教)和知识领悟(学)。我们经常强调实践的作用,所谓实践出真知,说明知识源于经验,知识富集的量变(积累)必然会达到质变(领悟)(comprehension),知识的这种启蒙催化过程也就是技能意识的萌发过程。

第二阶段:以转化为特征,翻译者在第一阶段的翻译实践中获得了必要的知识,对翻译艺术和翻译科学的规律有了一定的认识。但这时学到的知识都是外在的东西,人们对这些知识的认识一般也只是表面上的,认识深化的重要途径是通过再实践,即以学到的翻译理论知识为指导,从事有目的的"再翻译"活动,使外在的理论知识内在化,将第一阶段获得的对知识的领悟转化为对知识的掌握(acquisition)。这一转化过程,也就是技能意识从萌发到发展、从基本认知到深化了的认知的过程。这个外在知识内在化过程体现了技能意识的能动机制,因此是我们培养技能意识的关键。

第三阶段:以熟巧为特征,翻译者在将第一阶段获得的对知识的领悟转化为对知识的掌握的过程中,也就是说,在将外在的知识内在化的过程中,技能意识从潜隐的自在状态,进入能动的自为状态。这时,翻译者已能逐步做到自如地将学到的理论知识运用到实际的翻译活动中,能逐步做到自觉地用翻译技巧规范要求自己。这时,翻译者常自觉翻译得越来越得心应手,面对难词、长句不再感到束手无策而能迎刃而解。不仅如此,由于技能意识处于积极的能动状态,翻译者常能将自己的经验加以提升,以丰富自己对理论的理解,因而信心倍增;同时,信心又促使思维能力达到最佳活动状态。于是,翻译者往往感到自己笔力流畅,情思旷达,似乎开卷如见故人,读其文而洞悉其心意,交感自如,情怀与共,词语亦呼之即出。这一切标志着译者在技能意识的"驱动"下,翻译已进入熟巧阶段。这时,如果译者具有丰厚的语言功力和才力,做到力臻"化境",也并不是难乎其难的。

（一）技能与技巧

上文提到了巧熟问题。技巧是纯熟化、完善化了的技能。技能的纯熟化、完善化过程也就是技巧的形成过程。这个过程可以分解如下：

精练、净化过程指去用词之疏误、芜杂，除文句之诘屈、粗陋。汉语讲究炼词、炼句。唐代诗人皮日休倡导"百炼为字（词），千炼为句"。所谓"炼"就是去芜杂、除粗陋。锤炼词、句的标准是准、精、美。比如译词，如何使用准确、精练、优美的词语，就体现译者的技巧；能译出来，则只能说是技能。译词通过准、精、美的锤炼达到技巧的过程如图 2-1 所示：

原文词语	→	技能水平翻译	→	技巧水平翻译
凡例		运用各种译词法		通过准、精、美
基本达意		的锤炼		
（1）dumb anger		哑然的愤怒		幽愤
（2）rejected wife		被抛弃的妻子		弃妇
（3）a rekindled idea		重新燃起的念头		复萌之念
（4）wasted and withering years		在无所事事中流逝的岁月		蹉跎岁月
（5）just to reap easy -to-reach profits		只需获取轻而易举的利润		坐收近水楼台之利
（6）refined simplicity		精美的朴素感		淡雅
（7）breathing evidence		咄咄逼人的证明		生动的证明

图2-1 译词通过准、精、美的锤炼达到技巧的过

从上列例证中我们可以推导出锤炼词语的一些具体手段：（1）词义校正，即纠正措词的偏差或谬误，如上例中的（7）；（2）语义提炼或浓缩，即剔除赘词使用语融会成更加简练有力的形式，如上例中的（1）、（2）、（3）、（4）；（3）词语修琢，适当求雅，如上例中的（1）至（4）；（4）与成语求切，如上例中的（4）、（5）。很显然，译者如果没有技能意识的推动，就不可能做出以上种种锤炼的努力。句法上的锤炼也是如此。因涉及的问题太多，我们这里仅就最常见的倾向略举数例加以说明：

1. 译句用词较芜杂、累赘，如：

原句："当时我刚满二十，年纪轻轻，心想多干一点跑跑颠颠的工作也无妨。"（向阳）

（1）技能水平翻译：用词使人产生累赘感、芜杂感。

"At that time I was only twenty and was very young, so I thought that it didn't matter for me to be asked to fetch and carry."

（2）技巧水平翻译：运用句子整合、融合法使译句更加紧凑，用词精练：

"I was only twenty then; but whatdid that matter when l was asked to fetch and carry."

2.译句结构较松散，层次较拖沓、杂乱，如：

原句："她向房间那边走去，慢条斯理地跨着步子，突然转回身，望着我说了一声，'天晚了，抗抗，明天再说吧'，声音轻得好像嘴唇也没有动一动。"

（1）技能水平翻译：

"She walked to the other side of the room, Her steps were very gentle.Suddenly she looked at me turning around and said: 'It's late, Kangkang.Good-bye.'Her voice was so very low that I didn't really see her lips move."

（2）技巧水平翻译：

"She walked slowly to the other side of the room then turned and looked at me; barely moving her lips she said, 'Good luck tonight, Kangkang.'"

3.译者缺乏对变通手段（如词类转换、语义增补、删略等）的灵魂掌握，执著于同步对应的常规。如：

原句："对科学而言，验证不仅在方法论上是十分必要的，而且，如果仅仅将验证视为方法论上的程序，那么，科学的结论就可能成为一种因人而异的权宜之计。"

（1）技能水平翻译：

"For science, verification is not only methodologicaIly necessary, but, if it is only regarded as a methodological procedure, a scientific conclusion may become an expediency, which will change because of different scientists."

（2）技巧水平翻译：

"Verification is not simply a methodological necessity for science.If it were a scientific conclusion might have become an expediency, which chages from scientist to scientist who choose it."

从以上各例中可以看出，技巧形成的过程实际上正是遣词造句的优化过程。词语选择和句子结构形式的选择往往是熟巧功夫的第一步，也是最基本、最关键的一步。

（二）深化、升华过程

所谓"深化"，主要指对原文理解及表达上的透彻、入理；所谓"升华"，主要指化行文达意中之梗滞，除思维表述上的差异。二者都涉及理解、表达（特别是语感上）的精微功夫，要求不仅工于词章的运筹，更精于驾驭种种双语转换的技法，以利达意传情。有这一精理入微的功夫与欠缺这手功夫，大抵都能在对比之中显出高低：

"If they could not see the Winter Palace with their own eyes, they could dream about it—as if in the gloaming they saw a breathtaking masterpiece of art as they had never known before—as if there above the horizon of European civilization was towering the silhouette of Asian civilization."（V.M.Hugo）

（1）技能水平翻译

如果不能亲眼去看圆明园，人们就在梦中看到它。仿佛它在遥远的苍茫暮色中隐约眺见的一件前所未见的惊人杰作，宛如亚洲文明的轮廓崛起在欧洲文明的地平线上一样。

（2）技巧水平翻译

纵然不能目睹圆明园的风姿，他们也能在梦幻中身临其境：仿佛在瞑瞑之中见到一件使人叹为观止的艺术精品，仿佛在欧洲文明的大地上巍然展现出一幅亚洲文明的剪影。

如果说技能水平译句说明译者已具有较好的翻译技能，那么，有技巧水平的译者则高出一筹：他已掌握了一定的翻译技巧，高低之分在达意的准确度、传情的深度以及对语境的移情感受和升华体验。这里往往反映出译者对原作的整体理解的水平，而不仅是片言只语的问题。

（三）修饰、美化过程

很显然，这里所说的修饰、美化，着眼于文采。行文具有文采，笔底起斓，妙手生花，当然是一种技巧。特别是翻译要受到原文的制约，不能像写作那样，可以挥洒自如。要做到在严格的客观制约下仍不失文采，就要求译者具有强烈的技能意识。只有具有强烈的技能意识，才能调动一切主观能动性，奋力以求。一切风格翻译都是技巧运用的成果，从技能到技巧的发展则无不以技能意识为动力。翻译中着眼于文采和风格的技巧运用，必须紧紧抓住包容于原文中的以下三个层次意义：

1.表层意义或形式结构意义。也就是我们常说的"字面意义"或"表面意义"。在风格翻译中我们不能忽略语言的表层意义，因为语言的表层意义通常带有许多风格标记，它们是风格的直观依据，我们在翻译中必须尽力找到它们在目的语中的"对应体"。当然并不是所有的形式结构都有风格意义。有风格意义的常常是那些有修辞立意的形式结构。例如，林肯在葛底斯堡那篇著名的演讲词末尾有一句 government of the people, by the people, for the people, 这里连用了三个介词短语。译者如果没有紧紧抓住这个表层的形式结构意义，抓住原文这个风格标记，抓住原语的形式美，就不可能成功地译出译语的对应体"民有、明治、民享"。

2. 深层意义也就是语义内涵。深层意义是包容在语言表层形式下的全部语义信息。翻译中探究语言的深层意义当然是至关重要的，而技巧往往表现在一旦语义信息被捕捉到以后，如何运用技能规范（方法论）赋形于对应的目的语，"民有、民治、民享"的译者准确地抓住了 of、by、for 三个介词的语义内涵，巧妙地运用了可以将介词译成汉语动词的技能规范，精确入微地将三个介词译成了"有""治""享"。

3. 情境意义以上两层意义都是语言本身的意义。所谓"情境意义"则已经超乎了语言本身的意义，它是一种"言外之意"。情境意义的构成有以下三个因素：形象联想、情态感受以及对文章总体风貌的感应。可见，语言所包含的言外之意的重要机制是作者与读者（译者）之间的交感作用。因此，我们可以说，捕捉情境意义是一种高层次的审美活动，它离不开技能意识的推动，是技巧研究的课题。传统译论家也早就注意到了这一点。近代翻译家林语堂曾经说过："忠实的第二义，就是译者不但须求达意，并且须以传神为目的，译文须忠实于原文之字神句气与言外之意。这更加是译家所常做不到的。'字神'是什么？就是一字之逻辑意义以外所夹带的情感上之色彩，即一字之暗示力……语言之用处实不只所以表示意象，亦所以互通感情，不但只求一意之明达，亦必求使读者有动于衷。"（《翻译论》，1932 年）译者感怀于原作的风采，有动于衷而赋之于文，则既是一个个深化、升华过程，一个修饰、美化过程，也是从外到内又发之于的飞跃。

（四）纯熟、疏畅过程

从技能到技巧的发展，包括从低质、低效到高效的过程，这里涉及一个质量与速度同步提高的问题。从发展全程看，质量与速度在初级阶段不仅不能同步，而且往往成反比。初学翻译者在刚刚掌握一定的翻译技能时，似乎要翻译得好，只能翻译得很慢，即所谓"慢功出细活"。但是，当译者的技能纯熟化以后，技能发展成为技巧，文思敏捷、疏畅，笔力游刃自如，质量与速度即逐渐呈同步增长的趋势。从表面上看，高质、高效是大量实践的结果，其实，起推动作用的是技能意识。如果没有强烈的技能意识，就正于经验的启迪，取法于理论的规范，锲而不舍，若严复之"旬月踟蹰"，那么，即便是从事大量的实践，也难免不成为徒劳。

二、词类改变法

词类的改变，是指在翻译过程中，英语的某一个词译成汉语后不再是以原来的词类出现，而是以另外一种不同的词类出现，这就叫词类的改变。改变词类是翻译中常采用的一种方法。词类改变的目的，是为了译文的通顺和舒畅，使译文更能忠实表达原文的思想内容。词类的改变，主要取决于上下文，取决于语境，以及词在句中的位置和汉语的表达习惯。

在英译汉的过程当中，有些词是不需要变换词类的。例如，I like him. 这个句子可译为：我喜欢他。这个译文符合汉语的表达习惯，所以三个词类都不需要发生变化。但有些词就不行，翻译时必须变换词类，这样翻译出来的句子才通顺。下面分别介绍一下翻译中常用的词类间的转换。

（一）名词转化为动词

（1）Let's take a look around the campus.

译文：让我们参观一下校园吧。

（2）Their first sight of the land came after ten days at sea.

译文：在海上航行 10 天之后，他们第一次看到陆地。

（3）He was delighted at the idea of going to see his uncle.

译文：一想到要去看望他的叔叔，他感到十分高兴。

（4）They called for the peaceful dispersal of the demonstrators.

译文：他们要求示威者和平解散。

（5）Your car is causing an obstruction.

译文：你的车挡道了。

（二）动名词转化为动词

（1）It is no use your trying to shift the blame on to anybody else.

译文：你企图把责任推给别人是徒劳的。

（2）There is no denying the fact that he is a good man.

译文：不可否认，他是个好人。

（3）I dislike reading such kind of books.

译文：我不喜欢读这类的书。

（4）He is impatient of all this waiting.

译文：他等得不耐烦了。

（5）A book which is worth reading at all is likely to be read more than once.

译文：一本确实值得我们去读的书，就值得多读几遍。

（三）形容词转化为动词

（1）He's afraid of going out alone at night.

译文：他害怕夜晚独自出去。

（2）The accident made him lame in the left leg.

译文：出事后他的左腿瘸了。

（3）He is competent at his work.

译文：他能胜任工作。

（4）She is engaged to Tom.

译文：她和汤姆订了婚。

（5）My watch is five minutes fast.

译文：我的表快了5分钟。

（四）介词转化为动词

（1）Are most people against the proposal?

译文：是多数人反对这项提议吗？

（2）Will you go by bus or by bike?

译文：你是乘汽车去还是骑自行车去？

（3）We put the bookcase against the wall.

译文：我们把书橱靠着墙放。

（4）We should get up at the right time.

译文：我们应按时起来。

（5）He drove through a red light and a policeman saw him.

译文：他开车闯红灯被警察看见了。

（五）副词转化为动词

（1）The war would be soon over.

译文：战争很快就要结束。

（2）Is there anything I can usefully do here？

译文：这里有没有我能帮忙做的事情？

（3）Is he up?

译文：他起床了吗？

（4）She was not in at the moment.

译文：那个时候她不在家。

（5）The fim was on when we got to the cinema.

译文：我们到电影院时，电影已经开始了。

（六）名词转换为形容词

（1）Because of engine trouble the plane had to make an emergency landing.

译文：由于发动机出现故障，飞机不得不紧急着陆。

（2）She can see over the wall because of her height.

译文：她能够看到墙的那一边，因为她个子高。

（3）She kept insisting on her innocence.

译文：她坚持说她是清白的。

（4）Cleaning the light is simplicity itself; just wipe it with a damp cloth.

译文：把灯擦净非常容易，用湿布一擦就行。

（5）The book is of importance.

译文：这本书非常重要。

（七）形容词转化为副词

（1）The book gives a good picture of everyday life in ancient Rome.

译文：这本书对古罗马人的日常生活描写得很生动。

（2）She gave me a strange look.

译文：她奇怪地看了我一眼。

（3）He watched her suffering with clinical detachment.

译文：他冷静客观地看着她遭受的痛苦。

（4）Take good care of yourself.

译文：要好好地照顾自己。

（5）"Make full use of every chance you have to speak English." The teacher told his class.

译文："要充分利用一切机会说英语。"老师给全班学生说。

（八）动词转化为名词

（1）While we differ in many ways, such differences are neither superior nor inferior to each other.

译文：尽管我们在许多方面存在差异，但这些差异并无优劣之分。

（2）The electric current is defined as stream of electrons flowing through a conductor.

译文：电流的定义是流经一个导体的电子流。

（3）She was compensated by the insurance company for her injurires.

译文：她受伤后获得了保险公司的赔偿。

（4）The girafie is characterized by its very long neck.

译文：长颈鹿以长颈为特征。

（九）形容词转换为名词

（1）The enemy forces were superior in number.

译文：敌军在数量上占优势。

（2）He is courageous，ambitious，but intelligent.

译文：他有勇气、有雄心，但不怎么聪明。

（十）其他词类的转换

（1）The visitors were plentifully supplied with food and drink.

译文：给来宾准备了丰富的食物和饮料。（副词转化为形容词）

（2）Considering he's only just started，he knows quite a lot about it.

译文：考虑到他只是刚刚开始，他对此的了解已经不少了。（连词转化为动词）

（3）That man personifies avarice.

译文：那个人是贪婪的化身。（名词转化为形容词）

（4）The good in him outweighs the bad.

译文：他的优点多于缺点。（人称代词转化为物主代词）

三、词义转化法

在翻译英语句子的时候，我们发现，有些词如果按照词典上的释义，怎么表达译文都是不通顺的，或者说译文是晦涩难懂的，或是不符合逻辑的，不能准确地表达出原文所要表达的意思。在这种情况下，我们要根据上下文，根据该词的基本含义，考虑选用比较地道的符合汉语习惯表达的词语进行表达，这就是词义的转化。转化是翻译中常用的一种翻译手法，转化的前提是忠实于原文，转化的目的是为了汉语译文的通顺和流畅。下面我们从两个方面谈一谈词义转化。

（一）词的引申

何谓词义引申，引申就是根据上下文的内在联系，从原词语基本意义出发，根据具体语境和目的语的表达习惯，通过句中词或词组乃至整句的字面意思由表及里，对某些词语做一定的语义调整，将其改变为一种适于表达原文精神实质的新词义，运用一些符合汉语习惯的表现法，选用确切的汉语词句，将原文实质内容表达出来。请看例句。

Every life has its roses and thorns.

译文：在词典中，roses 的意思是"玫瑰"，thorn 的意思是"刺、荆棘"，如果我们按照词典所给的意思，这个句子可译为：每个生活都有玫瑰和刺。这样的译文表达的意思是不清楚的，当然也是很难被人理解的。所以我们就得想办法对这两个词加以引申。在汉语中，一看到"玫瑰"，我们就会想到"幸福、浪漫、甜蜜"。所以，可以把 thorn 引申为"痛苦"。Every life 不能直译为"每个生活"，还要加上"人"，这才符合汉语的说法。这个句子可理解为"每个人的生活有幸福和苦难"，但这还不是地道的汉语，所以，还要变通。用"苦和甜"来代替"幸福和苦难"，这样，整个句子就更加完美了。

译文：每个人的生活都有苦有甜。

请欣赏下列句子的翻译。

（1）She has a high colour.

译文：她气色很好。

（2）It is a good workman never blunder.

译文：智者千虑，必有一失。

（3）Behind him I see the long grey rollers of the Atlantic at work.

译文：在他的背后，我看见大西洋的灰色巨浪，汹涌起伏。

（二）词义的具体化

英语中一些比较抽象的词和词组，在翻译时可以用汉语中比较具体的词和词组表达，这样才能把原文的意思清楚地表达出来，译文才会通顺流畅，才符合汉语的习惯表达，这就是词义的具体化。请看下面的译例。

（1）Time and tide wait for no man.

译文：时不我待。

（2）Divorce is on the increase.

译文：离婚案不断增多。

（3）She swims well despite her disabilities.

译文：她虽然身有残疾，却是个游泳好手。

（4）Pink is combination of red and white

译文：粉红色是红色和白色的混合色。

（三）词义的抽象化

英语中有一些词表达的是具体概念，在句子翻译的过程当中，如果我们不做任何处理，直接按照其字面意思翻译，其译文则是不地道的，是讲不通的，是不符合逻辑的，词与词的搭配也是不当的。在这种情况下，我们就要考虑把词的具体概念转化为抽象概念。请看下面的例句：

（1）At present coal is the most common food of a steam plant.

译文：目前，煤是火力电厂最常用的能源。

（2）Vlolence is a cancer in our society.

译文：暴力行为是社会的祸害。

（3）Honesty has always been his best friend.

译文：忠实可靠使他受益匪浅。

（4）So many of our own past scars and dashed hopes can surface.

译文：我们心灵上的许多创伤和破灭的希望就会浮上心头。

四、省略法

在翻译的过程当中，省略是常用的一种方法。省略是指在翻译的过程中，英语中的一些词在汉语中不以文字的形式表达出来。省略的目的是在忠实原文的基础上，使译文更加通顺、更加流畅、更加简洁、更加地道、更加符合汉语的表达习惯。所以，省略不是随随便便地省略，也不是省略掉原文的内容和信息，而是在忠实于原文的基础上更好地表达原文信息的一种表达手段。

英语中的许多词在翻译的时候都是可以省略的，比方说，连词、介词、冠词、代词、助动词等。如果把这些词翻译出来，句子就不是那么的通顺，也不是那么流畅，所以用省略法翻译就是非常必要的了。我们不妨先看一个例子：We have four seasons in a year. 较好的译文是：一年四季。英语中的七个单词省掉了三个，但译文却完整准确地表达了原文的意思，一点信息都没有遗漏，且译文通顺自然流畅。如果把上面的句子译为"我们在一年里有四个季节"，这样的译文就显得非常啰唆。

下面介绍翻译过程中常用的几种省略法。

（一）代词的省略

1. 人称代词的省略

英语中的人称代词较多，用来指代前面或后面的名词。但汉语中的代词并不像英语中那样多，所以，翻译时对于英语中的人称代词就要采用省略法。如果英语句子是一个复合句，翻译时我们可用汉语中的"承前省略"和"蒙后省略"。

（1）Still and iron products are often coated lest they should rust.

涂上一层保护物，以免生锈。

（2）When she heard the news she burst into tears.

听到这个消息，她就哭了起来。

2. 泛指代词的省略

有些代词，并不指具体的人，而是用来泛指，这样的代词在翻译时可以省略。

（1）Keep the tool box where you can get it.

译文：把工具箱放在够得着的地方。

（2）When a customer calls，ask him or her to leave his or her phone number.

译文：如果有顾客打来电话，一定留下电话号码。

（3）You cannot be too careful when crossing the street.

译文：横穿马路时越小心越好。

（4）You can never overemphasize the importance of education.

译文：教育的重要性必须充分强调。

（5）If you would know the value of money，try to borrow some.

译文：若知钱的价值，只需借贷度日。

3. 形容词性物主代词的省略

英语中的物主代词常用来修饰限定名词，而在汉语中，代词用作定语并没有英语那样广泛，在许多情况下，名词前是不需要代词限定的，除非强调。所以，翻译时为了使译文地道自然，物主代词常常是要省略掉的。请看下面的译例：

（1）A teacher knows his or her students only in relation to the course.

译文：教师只是通过课业来了解学生。

（2）Lazily she rose.Her husband probably would not come home，she supposed on with his experiments.

译文：她懒洋洋地站起来，估计丈夫不回家了。

（3）He made a radical change in his plan; instead of taking a holiday, he went on with his experiments.

译文：他完全改变了原定的计划，不去度假，而是继续做实验。

（4）I lifted my right hand and made scissoring motions with my first two fingers.

译文：我举起右手，用食指和中指做了几次剪切的动作。

4. 习惯用法、固定搭配、谚语中代词的省略

一些习惯用语、固定搭配、谚语中的代词，有些表示泛指，有些和其他的词表达一个意思，所以这些代词不能单独理解，在翻译时必须省略掉，否则译文是不通顺的。

（1）Dear me!

译文：天哪！

（2）—Who is it?

—It is me

译文：——是谁？

——是我。

（3）—Where is my pen?

—Here you are.

译文：——我的笔在哪儿?

——这不是嘛。

（4）Thank you for your help.

译文：谢谢你的帮助。

（二）连词的省略

汉语中的连词使用很少，所以，英语中的连词在很多情况下是需要或必须省略掉的，这样译文会更地道一些。

（1）The days are short, for it is now December.

译文：现在是12月份，白天短极了。

（2）As the sun rose, the fog dispersed.

译文：太阳一出来，雾就散去了。

（3）The door was opened, and they came in.

译文：门开了，他们走了进来。

（三）系动词的省略

有些句子中的系动词，翻译时没有必要表达出来，是要省略掉的。

（1）It is impossible to disguise the fact that finance is bad.

译文：财政困难这一事实无法隐瞒。

（2）He is very thin，nothing but skin and bone.

译文：他非常得瘦，瘦成皮包骨头了。

（3）Today is Friday.

译文：今天星期五。

（4）People who drive when they are drunk should be heavily penalized.

译文：对酒后驾车者要重罚。

（5）The weather gets colder and colder.

译文：天气越来越冷。

（四）其他词的省略

除了上面提到的几种词类以外，还有其他的词类在翻译过程中也可省略，这些词包括情态动词、实义动词、名词等，一些词组也可以省略掉。请看下面的例句。

（1）There are two ways in which one can own a book.

译文：一个人拥有书的方法有两种。

（2）One can never get real rest without a peaceful mind.

译文：如果心情不静，要休息好是不可能的。

（3）The melting point of a substance is the temperature at which the change of state from sold to liquid occurs.

译文：物质的熔点就是固态变为液态的温度。

（4）Those who are in favor of the man please raise their hands.

译文：赞成这个计划的，请举手。

（5）Every moment of every day，energy is being transformed from one form into another.

译文：每时每刻，能量都在由一种形式变为另一种形式。

五、增词法

由于英语和汉语表达方式在许多方面是不同的，所以在翻译过程中，有时要在汉语中增加一些英文里没有的词，这就是增词。但是，增词不是随意给译文增加一些词，而是根据汉语的表达习惯，增加英语里暗含但没有表达出来的一些词。增词的前提是忠实于原文，增词的目的是为了译文通顺流畅，是为了更加完整准确地表达原文的思想。比方说，英语里有一些由动词加词缀变成的名词，这些词若是翻译成汉语，还要增加名词予以补充说明。例如：He survived the shipwreck. 其译文是：在这次沉船事件中，他幸免于难。在译文中，就要增加"事件"二字。如果没有这两个字，译文是不通顺的。再比方说，汉语中的动词多，在一些句子中，就要增加动词。例如：My brother likes rice. 就要译为：我弟弟喜欢吃米饭，汉语译文中增加了"吃"，句子表达的意思更加准确。

增词法是英汉翻译中最常用的一种翻译方法，下面简要介绍一下常用的几种增词法。

（一）增加名词

（1）I hope you will get over your disappointment.

译文：我希望你克服掉悲观失望的情绪。

（2）The remedies you propose are neat and easy but impossible.

译文：你提出的补救措施倒是干脆利落，轻而易举，却行不通。

（3）The engagement was announced in the local paper.

译文：他们订婚的消息已登在当地的报纸上。

（4）Air pressure decreases with altitude.

译文：气压随海拔高度的增加而下降。

（5）Her arrest produced an immediate reaction from the press.

译文：她被捕一事立刻在新闻界引起反响。

（二）增加动词

（1）Power carries great responsibility.

译文：有权力就得要承担重任。

（2）My work, my family, my friends were more than enough to fill my time.

译文：我有工作要干，有家务要做，有朋友要相会，这些都占去了我的全部时间。

（3）This medicine will make you feel better.

译文：吃了药，你就会感到好一些。

（4）In 1945 he returned to his Paris museum and teaching posts.

译文：1945 年，他回到巴黎，在博物馆任职，随后担任教学工作。

（三）增加其他词

（1）Despite all these discouragements，she refused to give up.

译文：尽管遇到了许多挫折，但她仍不气馁。

（2）He buried the treasure to prevent its discovery.

译文：他把财宝埋了起来以免被人发现。

（3）She is a good writer，try to copy her style.

译文：她是个出色的作家，你不妨学学她的写作风格。

（4）Sounds are classified into two kinds: sonic and ultrasonic.

译文：声波分为两类，即普通声波和超声波。

（5）War，famine，and flood are terrible evils.

译文：战争、饥荒、洪水都是可怕的灾难。

六、重复法

重复法是指同一个词在句子中重复使用，是英译汉常使用的方法之一。在英语和汉语中，词的重复都是存在的。但是，英语中词的重复很少使用。比如，在intense light and heat 这个短语中，intense 分别修饰 light 和 heat，而不用 intense light intense heat 来表达。在汉语中，词的重复是汉语语言的一种表现手法，是一种普遍的语言现象。比如，intense light and intense heat 这个短语，翻译为汉语就是"强光和酷热"，而不能用"强光和热"表达。再看汉语重复的另外一个例子："人的能力有大有小，但只要有这点精神，就是一个高尚的人，一个纯粹的人，一个有道德的人，一个脱离了低级趣味的人，一个有益于人民的人。""人"在句中连续出现了好多次，使这样的一个"人"得到了强调。

词语的重复使用，从语义上来讲，能够起到强调的效果；从结构上来讲，可形成排比，能增强语势，形成一种美感，提高表达的效果；从衔接上来讲，前后用词一致，使人一目了然。所以，在现代汉语中，词语的重复使用较多。

英语中没有那么多的重复，但这并不表明，翻译英语时译文中也不使用重复，相反，汉语译文中该使用的重复必须使用，而不能拘泥于英语的结构和表达方式，那么，英语中哪些词哪些结构翻译时可用重复表达呢？下面就这一问题做简要的介绍。

（一）重复共用名词

在英语中，一个名词可有两个或两个以上的形容词或短语修饰，有人形象地把这称之为"多枝共干"，就好像一个树干上有着多个树枝。对于这样的结构，翻译时就要重复被修饰部分，也就是重复"共干"部分。请看例句。

（1）Ambition is the mother of destruction as well as of evil.

译文：野心不仅是罪恶的根源，也是毁灭的根源。

（2）He was studying Greek sculpture of the primitive and classical periods.

译文：年轻时，查尔斯·达尔文的希腊作文和拉丁作文进步不大。

（二）重复省略的动词

在一些英语复合句或分句中，后面句中的动词和前面句中的动词如果一样的话，后面句中的动词一般就给省略掉了。把这些句子翻译成汉语，省略掉的动词在汉语中就必须表达出来。请看例句：

（1）Reading exercises one's eyes；speaking，one's tongue；while Writing，one's mind.

译文：阅读训练人的眼睛，说话训练人的口齿，写作训练人的思维。

（2）Matter can be changed into energy，and energy into matter.

译文：物质可以转化为能量，能量又可以转化为物质。

（3）You give me less than him.

译文：你给我的比给他的少。

（4）I have the power to nudge，to fan sparks，to suggest books，to point out a path way，what other power matters？

译文：我有权启迪心扉，有权激发才智，有权开列书目，有权指点迷津，还有什么权力比这些权利更值得考虑呢？

（三）重复其他省略词

在英语中，为了行文之需要，有些句子成分没有必要表达出来，或者必须省略掉。而这些省略句子翻译成汉语，根据汉语的表达习惯，很有必要把省略掉的句子成分表达出来，只有这样，译文才会更加地道，表达的意思才会更加清楚。请看例句：

（1）I will go will go there if you will.

参考译文：如果你去那儿我也去那儿。

不好译文：如果你去我也去那儿。

（2）He might came，but l don't think he will.

参考译文：他可能来，但我认为他不会来。

不好译文：他可能来，但我认为他不会。

（四）重复被替代的词

英语中为了避免重复，常常使用替代词或代词来指代前面或后面的名词。翻译时，为了汉语意思准确而不被误解，以及汉语的表达习惯，这些替代词在很多情况下都是要翻译成被指代名词所表达的意思，而不能按其字面意思翻译出来，这也是一种重复。

（1）Students who do well in examinations are the ones who ask question in class.

译文：考试成绩好的学生都是课堂上爱提问题的学生。

说明：ones 替代的是前面的 students，翻译成汉语就要用"学生"来表达。

（2）Staying back and giving kids space to grow is not as easy as it looks.While stepping back was difficult for me，lt was certainly a good first step that I will quickly follow with more steps，putting myself far enough away to give her room but close enough to help if asked.

译文：后退一步，给孩子留出成长的空间并不像看起来那么容易。后退一步对我来说是困难的，但无疑是非常有益的一步，随后我会迅速地迈出更多的步伐，放开手给孩子成长的空间，但并非撒手不管，需要给她帮忙。

说明：room 指代的是前面的 space，所以译成汉语是"空间"，而不能是"房间"。

七、专有名词中人名的顺应处理及翻译方法

专有名词指的是人名、地名、国家、地方，组织机构名称、商标品牌名称、影视、报刊杂志、历史事件、文化流派等有固定含义的专属名词，通常需要首字母大写以示其独特。它的特点是在多数情况下有着单一所指、一一对应的关系。许多人认为，人名是没有含义的，不需要解释与关注，更不需要翻译，只需要简单地照音直译就可以了。其实不然，每一个人名都承载着一定的历史元素，融入了社会文化，有的甚至带有了一些含义，可以充当词汇使用。如果仅仅地音译了事，会造成在对外宣传翻译中受众（往往是西方人）受到困扰，产生不理解甚至误解现象。

（一）一般人名的音译

根据顺应的原则，翻译过程中应避免机械地或严格按照形式一成不变的翻译。在人名音译时，要在汉语拼音的使用上加以调整，首先要看这个人名有没有民

族色彩。中国是个多民族的国家，地域广阔，方言众多。所以，即便是汉字写成一个样子，在当地的发音也有很大不同。如果外宾听到翻译说的与平时他所听到的不是一个发音，势必认为是两个人。我们还要考虑英语的发音，有些汉语拼音的发音方法是英文中没有的，例如汉语拼音中 j、q、x，就算念给他们听或写出来给他们看，西方人也无法发音，所以也要做出一些处理。如屈原发音应为 Chu Yuan，才可以被接受。

1. 尊重个人选择

有很多中国人，特别是一些香港的明星、企业家，由于历史或文化的原因都有自己的英文名字，而且在被翻译后仍沿用自己的英文名。对于这样的情况，作为译者要尊重他们的选择。

2. 约定俗成

有些人名的翻译需要多方查证。这些人名沿用当年的或是社会一致认同的翻译准则，对此，我国的英语学习者比较陌生。一些我们不很熟悉的名字的翻译，就要靠平时的积累和认真的查阅，让外国人了解我们，那我们首先要了解自己。语言有变异性，这就需要我们用商讨的方法顺应地进行翻译处理。

（二）典故名著谚语中的人名翻译

无论哪种文化、哪个国家，都有自己家喻户晓的名人典故及流传至今的人物，但在本国妇孺皆知的事物对外却未必如此，所以，在翻译这些人名的时候要充分进行解释，或进行目标语言内部的等价交换。

第三节 英语和汉语的主要特征和翻译方法

英语和汉语属于不同的语系，两种语言在句子结构上、词语表达上都有很大的区别，我们从以下几个方面予以介绍：

一、英语重形合，汉语重意合

英语重形合（parataxis），意思是说，英语中的词与词、短语和短语或句子和句子之间必须使用某种连接手段把它们连接起来，这样才符合语法。英语中的连接手段之一就是使用连接词（简称为连词），连词把词与词、短语和短语、句子和句子连接起来，形成一个更大的语言结构。英语中另一个连接的形式就是介词的使用，虽然介词不是连接词，但是介词后面需要有宾语，这样也就形成了一种连接。介词在英语中的使用范围非常广泛，频率高。介词包括简单介词和合成介词。如果不使用连词，那么并列在一起的单词、短语、从句、句子就不合乎语法，就是错误的，这就是我们所说的"形合"。汉语则恰恰相反，词与词、词组和词组之间并没有那么多的连接词，句子和句子之间也没有那么多的连接词，汉语中的介词也没有英语中的介词多，因为汉语注重隐性连贯，注重逻辑事理顺序，注重功能、意义，注重以神统形，这也就是我们所说的汉语重意合（hypotaxis）。比如，枯藤老树昏鸦，小桥流水人家，古道西风瘦马。夕阳西下，断肠人在天涯。这是我们大家所熟悉的马致远的《天净沙秋思》。在这首诗中，一个连接词也没有，尤其是前三句，一个名词跟一个名词，却以凝练优美的语言描绘了一幅秋郊夕照图，准确而委婉地刻画出游人漂泊的心境，表现出游人的思乡愁绪。没有连词，但句子和句子之间还是紧密相连的，这就是我们听说的汉语重"意合"，"意合"是汉语语言的特点之一。

在把英语翻译成汉语的过程当中，英语中的连接词是需要认真对待的。由于汉语中的连接词比较少用，翻译时我们就不要把英语中的连接词都通通地翻译出来。一些连接词可以翻译成汉语的连接词，但绝大多数的连接词是要省略掉的，这就是我们对待连接词的翻译原则。

请看下列例句，比较一下英语和汉语不同的句式结构和表达方式，特别要注意汉语的表达方式。英语中的许多连接词、介词在汉语译文中都省略了。没有了连词的连接，汉语句子就变短、变多了。

（1）I was in an agony of doubt before I got the massage.

译文：接到消息之前，我疑虑不安，十分痛苦。

（2）The mere fact that America still attracts millions of people is evidence that it is not in decline.

译文：美国现在仍然吸引着千百万人，但这一事实表明，美国并没有衰退。

（3）One morning I was in Richmond, a suburb of London near where I lived.

译文：一天早上，我来到了里士满，这是伦敦的一个郊区，离我不远。

二、英语多长句，汉语多短句

由于英语中大量使用连词，更多的词和词、短语和短语、句子和句子就连在一起，因而英语句子就长了起来。英语中的连词可以把词与词连接起来，也可以把短语和短语连接起来，还可以把从句和从句连接。句子中如果有几个连接词，英语句子因此就会很长。有人很形象地把英语的句子比作一棵颠倒的大树，这是很有道理的。而汉语则恰恰相反，句子和句子之间没有太多的连接词，句子成分之间也没有过多的连接词，所以，句子大都不是很长，而且比较松散，呈流散状态。例如，在黄山之巅观看云海，更是气象万千，变幻莫测，忽隐忽现，虚无缥缈，犹如仙境。这么长的一段话，没有一个连接词，句子短小，语法正确，句子流畅。这就是我们所说的汉语多短句。长句多是英语的一个特点，短句多则是汉语的一个特征。

对于英语长句的翻译，有两点值得注意：一是不能套用原有的句式结构和英语的表达方式，原来的短句要译为短句；二是正确对待连接词，在英汉转换的过程中，英语中的连接词在汉语中要尽量少用，能少用的就不要多用，能省略的就坚决不用。请看下面的例句：

（1）It is fairly known that wild animals survive from year to year by eating as much as they can during times of plenty, the summer and fall, storing the excess, usually in the form of fat, and then using these reserves of fat to survive during the hard times in winter when food is scarce.

译文：众所周知，野生动物能够年复一年地生存下去，那就是在食物很多的夏秋两季尽量多吃，把多余的部分以脂肪的形式储存起来，在食物匮乏的冬季，就用这些储备的脂肪来维持生命。

（2）For example, Copemicus showed that——far from being the center of universe, about which the sun, the moon, the planets, and the stars revolved in clockwise homage——the earth is just one of many small worlds.

译文：例如，哥白尼证明，地球根本不是太阳、月亮、其他行星和星球按顺时针方向围绕转动的宇宙中心，而只不过是许许多多的小世界当中的一个世界而已。

（3）Still others afraid to say no to their children's endless requests for toys for fear that their children will feel unloved or will be ridiculed if they don't have the same plaything their friends have.

译文：还有一些家长，不愿拒绝孩子没完没了买玩具的要求，生怕孩子觉得父母不爱他们，或唯恐孩子因为没有其他小朋友一样的玩具而遭到嘲笑。

三、英语多名词，汉语多动词

英语多名词包含两层意思，一是名词本身多，二是名词使用得多。根据传统的定义，名词是用来表示人、事物或概念的词。英语和汉语都有名词，但是英语中的名词除了表达事物的名称之外，还常常用来表达行为举止和动作。一些抽象名词常用来表达行为概念和动作概念，还有一些动词加上后缀就变成名词，用来表达行为意义和动作意义。这是我们所说的英语名词多的一个原因。难怪有学者指出，英语有过分使用名词的习惯。我们知道，英语中介词使用的频率是非常高的，由于介词后要有名词或名词一类的词担任宾语，所以，这也促使了名词的大量使用，这也是名词多的另外一个原因。在汉语中，名词的使用并不像英语那样多，但是汉语动词的使用频率却是非常高的，一个句子中可以有好几个动词，或几个动词连续出现。如"我叫他进来拿字典"，短短一句话，8个字，就有3个动词，可见汉语中动词之多。动词多是汉语语言的一个特点。

英语里的名词多，汉语里的名词少，这是翻译过程中的一对矛盾，如果把英语里的名词翻译成汉语的名词，那么译文肯定就不地道。英语当中的名词是否可转换成汉语的动词呢？答案是肯定的。翻译实践告诉我们，英语中的名词不但可以翻译成汉语的动词，而且在一些情况下也必须翻译成动词。只有这样，译文才是通顺、流畅的。那么哪些名词可翻译成汉语的动词呢？请看下面的各种情况。

（一）担任主语、表语、动词宾语的名词译成汉语动词

在英语句子中担任主语、表语、动词宾语的名词如果直译为名词，汉语句子不通或不地道，我们就要考虑把名词翻译成动词。

（1）The sight of the helpless little boy aroused her maternal instinct.

译文：她看见那孤苦无助的小男孩激发了她的母性。

（2）The room has capacity for 60 people.

译文：这个房间可容纳 60 人。

（3）I don't understand his enmity towards his parents.

译文：我不理解他为什么怨恨自己的父母。

（4）I have a dislike to that kind of music.

译文：我不喜欢那一类的音乐。

（5）The government has delayed publication of the trade figures.

译文：政府已将贸易统计数字延后公布。

（二）介词后的名词译成汉语动词

有些介词后的名词表达动作意义或行为意义，翻译时就要用动词表达。

（1）He was filled with envy at my success.

译文：他非常羡慕我的成功。

（2）The debate ended in uproar.

译文：那次辩论以大吵大闹而收场。

（3）The letter is for the attention of the manager.

译文：这封信需要经理亲自处理。

（4）After his wife's death，he seemed to give himself overto despair.

译文：他妻子死后，他好像万念俱灰。

（5）After much discussion about holidays abroad we ended up in Italy.

译文：我们反复商量到国外度假的事，最后决定去意大利。

（三）固定短语中的名词译成汉语名词

有些介词和其搭配的名词在使用的过程中已经成为固定的词组搭配，这些名词也要翻译成汉语的动词。

（1）To my regret，I am unable to accept your kind invitation.

译文：我不能接受您的盛情邀请，深为抱歉。

（2）He has always stood in dread of his father.

译文：他一见到父亲就害怕。

（3）The number of robberies in the area is on a decline.

译文：这个地区的抢劫案在减少。

（4）The children are jumping for joy at the thought of an extra day's holiday.

译文：想到多一天的假，孩子们高兴得直跳。

（5）The affair is no longer in my hand.

译文：这件事已不归我管了。

（四）动词加后缀构成的名词译成汉语动词

英语中有许多动词，加上后缀之后就变成了名词，有人把这种现象称为名词化（nominalization）。这些名词可用来表达动作、行为、变化、状态、品质、感情等概念，这类名词翻译成汉语要用动词表达。

（1）The place has changed beyond recognition.

译文：这地方变得已认不出来了。

（2）The railway is under construction.

译文：这条铁路正在修建中。

（3）He fell in the water, much to the entertainment of the children.

译文：他掉进了水里，逗得孩子们乐不可支。

（4）The manager tried to even out the distribution of work among his employees.

译文：经理把工作尽量平均分配给雇员。

（5）The scenery was beautiful beyond description.

译文：那风景美丽得难以形容。

（五）以 er 结尾的名词译成汉语动词

英语中有不少的名词是由动词后加"er"构成，这样的名词常常含有行为和动作意义，译成汉语时可用动词表达。请看以下例句：

（1）The real shocker was that things dragged on well beyond the two weeks I had anticipated.

参考译文：最令人吃惊的是，事情拖了很久，大大超过了我原来设想的两周时间。

不可译为：真正的吃惊是，事情拖了很久，大大超过了我原来设想的两周。

（2）Since he lost his job, he has been a loner.

参考译文：他失业后就很不合群了。

不可译为：自从他失业后，他就是一个孤独者。

（3）He is an early riser.

参考译文：他习惯于早起。

不可译为：他是一个早起者。

（4）He is a tremendous walker.

参考译文：他很能走路。

不可译为：他是一个惊人的步行者。

（六）动名词译成汉语动词

由于动名词含有动词和名词的性质，所以，动名词在翻译时是可以翻译成动词的。

（1）If he carries on driving like that, he'll end up dead.

译文：如果他照这样开车，早晚得死于非命。

（2）I have only a limited understanding of French.

译文：我懂的法语很有限。

（3）Instead of practicing at the typewriter, or piano, or behind the steering wheel, for two solid hours, practice only one hour.

译文：练习打字、弹钢琴，或开车，不要连续练习，两个小时就足够了。

四、英语多介词，汉语少介词

在英语中，介词不能独立充当句子的成分，但介词使用的频率却非常高，是英语里最为活跃的词类之一。据 G.Curme 统计，英语中的介词有 286 个。介词的后面可以有名词、代词、动名词等担任宾语，这就形成了介词短语。介词短语在句子中可充当句子的定语、状语、表语、补语等。在汉语里，介词的使用就少多了。所以在翻译时，英语中的介词就不能都翻译成汉语的介词，而是要根据情况，采用不同的处理方法。一些句子中的介词可以直接译成汉语的介词，但在很多情况下，英语句子中的介词要译成汉语的动词，还有好多介词在翻译的过程中可以省略不译。还有不少的介词和其他的词已形成固定的搭配，如 according to、apart from、because of、away from、owing to、due to、contrary to、instead of、out of 等，这些介词大都起一个语法作用，基本上无实际意义，翻译时要把几个词作为一个整体来考虑。还有一些介词短语已经固定下来，表达的意思也已经固定下来，如 in fact、in short、by the way、on purpose，这些介词短语是作为一个固定词组来理解的，翻译时千万不可望文生义。

介词在英语中的使用非常普遍，可以说比比皆是。翻译时，可以采用省略的方法翻译，就是说，不要把介词翻译出来。介词的省略并不影响原文意思的表达。请看下面的例句翻译：

（1）I have visited China three times, in 1972, 1976, and 1979.

译文：1972 年、1976 年、1979 年，我三次访问中国。

（2）He spoke of his dead wife with deep emotion.

译文：提到已故的妻子，他感慨万分。

省略法就是在翻译的过程中，英语中的代词在汉语中不表示出来。代词省略掉以后，原文的意思丝毫没有受到影响，句子通顺流畅，符合汉语的习惯表达，因为在汉语中，名词所指主要靠的是语境和上下文，所以在一般情况下，没有必要在名词的前面加上物主代词，除非强调，这就是汉语的表达习惯。例如："我家三口人，爸爸、妈妈和我。"我们没有必要在"爸爸""妈妈"的前面再加上"我的"，因为前面已经提到了"我家"，这里的"爸爸、妈妈"当然指的是"我"的爸爸、妈妈，而不是别人的爸爸、妈妈。人称代词采用省略进行翻译，为的是使译文更符合汉语的表达习惯，更加确切地表达英语原文的意思。如果把人称代词翻译出来，译文就不自然、不流畅，不合乎汉语语言表达习惯，有时候还会含混不清，甚至还会传达错误的信息。例如：As soon as they got to the shop, the workers got down to work. 要把这个句子译成汉语，句中的人称代词 they 就必须省略掉。较好的译文是："工人们一到车间就开始工作"。如果把人称代词直接翻译出来，那么这个句子就译为："他们一到车间，工人们就开始工作"。很明显，这样的译文是一个歧义句。表达的意思模糊不清，读者不知道"他们"是指谁，是指另外的一些人，还是指代前面的"工人"。但从原文看，they 和 the workers 指的是同一些人。由此可见，they 在上面的句子中是不能翻译出来的。

请欣赏下面英语句子的翻译。

（1）Come to me if you want anything.

译文：需要什么的话，找我好了。

（2）If a machine part is not well protected, it will become rusty after a period of the time.

译文：如果机器部件不好好保护，过一段时间就会生锈。

（3）She certainly makes the best use of her oppotunities.

译文：她的确充分利用了一切机会。

（4）Famous as the actress may be, her manners are anything but gracious.

译文：那个女演员虽然有名，但举止欠佳。

五、目的论视角下中国特色词汇的翻译策略

中国特色词汇的常用翻译方法包括音译法、音译加解释法、直译法和意译法。中国特色词汇的翻译对提高外宣翻译的质量是一个阻碍性因素。因此，加强中国特色词汇的翻译研究对提高外宣翻译质量、促进中国对外文化交流、提高文化软实力具有重要意义。

（一）中国特色词汇

中国特色词汇指其表达独具中国特色的词汇，反映了中国特有的文化或事物，涉及政治、经济、文化、日常生活等众多领域。中国特色词汇蕴含中国民族特色，其翻译具有自身的特殊性，即"创造性、实效性、不易求证性"。

中国特色词汇所表达的内涵在英语文化中往往是空缺的，所以，中国特色词

汇的翻译对提高外宣翻译的质量是一个阻碍性因素。要达到理想的外宣效果，译者应认真分析中国特色词汇的中国文化内涵，化解文化差异，运用适当的翻译方法，达到有效传递信息、跨文化交际的目的，更好地促进中国文化的传播与交流。

（二）目的论

目的论（Skopos Theory）最初是由凯瑟琳娜·莱斯（Katharina Reise）在 20世纪 70 年代提出的，是功能派翻译理论的核心理论。根据目的论，所有翻译遵循的首要法则就是"目的法则"。目的论指出，翻译应在目的语情境和文化中，按照目的语接受者期待的方式发生作用，翻译的目的决定整个翻译行为的过程。通常，翻译的目的指的是译文的交际目的，即"译文在目的语社会文化语境中对目的语读者产生的交际功能"。因此，译者应在给定的语境中明确翻译目的，并以此决定翻译方法。此外，翻译应遵循"连贯性法则"和"忠实性法则"。"连贯性法则"要求译文必须符合语内连贯的标准，即译文必须能让接受者理解，并在目的语文化及使用译文的交际环境中有意义，具有可接受性和可读性。"忠实性法则"指译文应忠于原文，但忠实的程度则决定于翻译目的和译者的主观理解。

（三）目的论视角下中国特色词汇的翻译策略

目的论认为，翻译的目的决定整个翻译行为的过程，一切翻译活动要以翻译目的为出发点。作为一种翻译活动，外宣翻译的目的性很强。做好外宣翻译，狭义上是为了增强对外宣传效果，广义上是为了向世界展示中国的先进文化、社会进步，让国外能够全面、及时、准确了解中国，在国际上树立正确的社会主义中国的形象。因此，在翻译中国特色词汇时，为了达到外宣翻译的真正目的，译者应充分考虑英汉两种语言各方面的差异，以目的语为归宿，运用恰当的翻译方法，使目的语读者能够准确理解中国特色词汇的内涵。*China Daily* 是中国对外信息交流和文化传播的重要窗口，其中含有大量负载着中国文化信息和民族文化色彩的中国特色词汇。在翻译中国特色词汇时，常用翻译方法有音译加解释法、直译法、意译法。

1. 音译加解释法（Transliteration with ex-planation）

音译加解释，即在音译的基础上附加解释性翻译。采用这种翻译方法，一方面可以营造出一种浓厚的异域情调，另一方面也照顾了读者的理解需要，填补了读者的文化认知空白。例如：

（1）There is a preserves shop, and a husband and wife team who serve up freshly made baozi（steamed stuffed bun）and an odds—and—stall, where you can buy everything from a new shower head to a jianzi, a sort of hacky sack with feathers.

在例（1）中，出现了 baozi（包子）、jianzi（毽子）两个中国特色词汇。"包子"一词出现于北宋，指蒸制的有馅料的面食。包子作为中国传统小吃，极具特色。随着饺子在世界的流行，西方餐饮界对包子的追捧也接踵而至。译者将"包子"音译并添加注释，不仅使 baozi 一词保留了中国特色，并且解释为"蒸制的有馅料的馒头"，使读者对包子的概念有了直观的了解，增加了读者的兴趣，有利于包子文化的传播。毽子起源于汉代，由古代蹴鞠发展而来，是中国古代十分盛行的一种游戏，极具中国特色。而在国外，hacky sack 是一种类似于毽子的体育娱乐器具。译者对 jianzi（毽子）一词的附加解释为：

a sort of hacky sack with feat hers（带有羽毛的沙包袋）。如果直接音译为"jianzi"，外国读者难以理解、接受，然而译者添加了注释，使译文表达清晰，通俗易懂。上述两个例子充分表明，音译加解释的翻译方法在很大程度上保留了词汇的中国特色，且弥补了音译法信息传递性差的缺点，增强了表达的直观性，使目标读者能更好地理解中国文化。

2. 直译法（Literal translation）

直译指既忠实于原文内容，又忠实于原文形式的翻译方法。采用直译的方法，不仅可以忠实地传达词语引申的深层含义，还可以保留其语言风格。

3. 意译法（Free translation）

意译即根据原文的大意来翻译，而非逐字逐句地翻译。意译法注重传达原文的内在含义，不拘泥于原文的形式和字面含义。在一些情况下，用意译的方法，在一定程度上可以弥补外国读者相关背景知识的欠缺，实现信息的有效传递。有些词没有必要突出其异域文化特色，这类词往往会采取完全意译的翻译方法。例如：

（2）Wu xi quickly become a land of milk and honey.

这篇报道简介了无锡的城市文化。鱼米之乡泛指盛产鱼和稻米的富饶地方。"鱼米之乡"的翻译采用音译、直译的方法都不恰当，而意译为"a land of milk and honey"传达了原文信息，不必做冗长的解释，读者也容易接受，因为"a land of milk and honey"是一句英语谚语，指肥沃而富裕的土地。很多中国特色词汇，如谚语、成语，寓意较深刻，民族色彩浓厚，多来源于历史典故，若进行直译，目的语读者可能难以理解其背后的文化背景及民间习俗，无法准确接受信息。所以，在这种情况下没有必要去强求译文与原文的形式对等，而是用意译法更为恰当。比如，"中流砥柱"译为"mainstay"、"呕心沥血"译为"spare no efforts"、"画龙点睛"译为"bring out the crucial point"等。

中国特色词汇的翻译应以目的语为归宿,在目的论的指导下,设法化解由于文化、社会背景、逻辑思维等方面差异而带来的认知偏差,使目的语读者准确无误地理解和把握原文所传递的信息。为此,外宣工作者应当具有敏锐的读者意识,努力迎合目的语受众的交际需求、兴趣、阅读期待和认知水平,用适当的语言表达形式弥合文化鸿沟,提高目的语文本的可接受性和在译语交际环境中的连贯性,提高外宣翻译质量,增强传播效果。

第三章 英语翻译中的教学方法

第一节 国内外翻译教学的研究现状

21世纪是经济全球化和技术腾飞的世纪，更是人类文明交流与日俱增和文明发展的世纪。刘宓庆指出，21世纪有三大景观，即科技发展、全球性经济的整合发展和世界文化的多元化、多方位、多层次发展，伴随着三大景观的是三大趋势，即全球性的交流互动趋势，全球性的改革、变革趋势以及全球性的知识提高、深化和普及趋势。这三大景观和三大趋势与翻译的关系极为密切，集中体现在四方面的巨大需求和要求上，即人才需求（口笔译人才的需求要比20世纪末期增加约12倍，其中发达国家和中等发达国家增加约15倍，发展中国家的需求量会更大）、产品需求（译品需求。据估计，在21世纪的头50年，仅科技、文化的全球交流所需的翻译著作每年约两万种，50年内共需约百万种）、功效需求（翻译的速度和效率要大幅提高，不再是传统的"慢工出细活"，而这一切与教育和培训紧密相关，因为翻译教育是高效能翻译人才的摇篮）、质量要求（译品的质量）。刘宓庆的这一断言具有前瞻性，深刻地剖析出新时期对翻译人才和翻译市场的迫切需求。

据统计，全球翻译市场目前的年产值超过130亿美元，亚太地区占30%，其中中国市场约为120亿元人民币。我国紧缺五类翻译人才：会议口译、法庭口译、商务口译、联络陪同口译、文本翻译。中国翻译协会的数据显示，目前我国现有职业翻译人员6万多人，相关从业人员超过50万，专业翻译公司3000多家，但胜任翻译工作的人才缺口却高达90%，市场上高水平的翻译大约只占总数的5%。我国的翻译人才队伍亟待充实提高，而我国本科阶段的翻译专业人才培养严重滞后于经济发展的需要。另外，作为一个经济迅速发展的国家，作为世界上人口最多的国家，中国自然是一个翻译大国。中国的改革开放与世界越来越密切的联系更离不开翻译，外国大量的科技、管理、外交、经济、文化等材料需要翻译到中国来，同样中国大量的类似文件要翻译到国外去。

尤其是进入 21 世纪以后，在全球化和信息化时代的今天，随着中国经济的快速发展，中国的国际地位进一步提升，中国与世界各国在政治、经济、文化等各个领域的合作与交往日趋频繁，中国经济发展的成功经验及社会文化生活的方方面面都需要以恰当的方式介绍到国外，国外先进的科技及经济、管理等方面值得借鉴的经验也一如既往地需要介绍到中国，因此国家对复合型、应用性英语翻译人才的高度需求已成为不争的事实。更重要的是，承载着中国文化的中国文学、中国戏曲等多种媒介形式应该更多地译介成各种文字，使世界人民更好地了解中国，使中国在世界舞台上更好地发挥作用，更好地让世界人民了解中国五千年来形成的多姿多彩的文化。所以，如果说中国的近现代及以前的翻译史是一部外译汉的历史，那么当代中国更需要大批汉译外的优秀人才。"这其中尤其要重视能胜任从事中国传统文化、中国国情资讯外译的研究型译才。"因为谁也不能否认，要把中国的传统文化和国情介绍到外国，不是单靠语言的功底就能完成的，还需要对中国文化、中国国情进行深入的研究，真正了解中国文化和中国国情的内涵。可是据目前的情况来看，高级的汉译外人才匮乏已成为中华文化走向世界的一个瓶颈，因此培养高级翻译人才是当今中国社会发展和走出去战略实施的呼唤和迫切需要。接下来我们来看看高内外翻译研究的现状。

中国有句古话，叫作"知己知彼，百战不殆"。梳理和分析国内外翻译教学研究的现状能够更好地了解国内外翻译教学中已有的优点以供参考，发现其中的不足以供吸取教训，从而更好地改进翻译教学，更好地促进对翻译教学的研究。

根据郑晔、穆雷 2007 年对过去 50 年（1951—2007）中国翻译教学研究的发展与现状的研究，1951—2007 年 4 月，翻译教学研究的论文总数为 956 篇，关于翻译教学的论著只占翻译研究论著的 2%。翻译教学的文章进入 20 世纪 90 年代以来数量猛增，其中有关教学法的研究排在首位，现代科技与翻译教学、翻译教材研究、教学大纲与课程设置、翻译测试评估等方面的研究很少，语料库与翻译教学及翻译教学师资方面的研究更少。辜正坤也曾提到：数十年来，中华译界教学甚昌，然教学论专著则甚寡。涉及翻译教学领域的专著，郑晔、穆雷认为，1951 年—2007 年 4 月间只有《中国翻译教学研究》《中国英汉翻译教材研究（1949—1998）》和《中国翻译教学五十年回眸》三部，其他翻译教学论著主要集中在翻译技巧或是翻译考级指导等方面，缺少全面系统的理论分析或实证研究，与国外众多的翻译教学专著相比，我们的翻译教学研究还有很大的距离。第一部系统研究翻译教学的专著当属穆雷的《中国翻译教学研究》（1999），该书对中国的翻译教学进行了调查，探讨了翻译课程设置，教材开发、课时分配和师资培训等宏观的问题。用许钧的话说：穆雷在把握了限制中国翻译教学发展的根本症结之后，站在学科的高度，对中国翻译教学的现状进行了系统而深入的分析，其中涉及了学科建设、课程设置、教材建设、师资培养、教学方法、口译教学、翻译测试、教学研究等八方面。作者没有局限于对上述八方面的基本问题的简单罗列与描述，而是始终抓住"翻译学科建设"这个根本的问题，对涉及翻译教学的主要问题进行全面的观照与分析，因为只有在对翻译学科进行正确定位的基础之上，认清"翻译学科是一门跨学科的综合性学科"这一本质，把翻译学科作为一门独立的学科加以建设，才能够正确认识目前中国翻译教学在各个方面所存在的问题，客观地评价其成绩，进而指出其发展的方向。

张美芳于 2001 年出版了《中国英汉翻译教材研究》（1949—1998），分析了中国近 50 年的百余种翻译教材编写的指导原则，指出了这些教材的特点和所属的流派（词法、句法流派、功能流派和当代译论流派），探讨了这些教材的优劣之处，从市场和功能的角度指出哪些教材适合翻译教学，提出了未来翻译教材的发展方向及新教材编写的一些建议。由文军主编的《中国翻译教学五十年回眸》是一部关于 1951—2005 年中国翻译教学研究论文、论著索引，该书按年代列出了这些年间中国发表和出版的翻译教学论文和专著。客观地说，该书不能算作翻译教学方面的研究专著，而应该是一本资料汇编式的工具书，对翻译教学研究具有文献参考价值。

实际上，进入 21 世纪以来，我国的翻译教学研究专著已经出现雨后春笋般的趋势。我们认为刘宓庆于 2003 年出版的《翻译教学：理论与实务》一书可以看作一部翻译教学系统研究的专著，因为该书提供了更为完整的翻译教学理论框架，系统地探讨了翻译教学的思想原则、翻译教师素质、翻译实务教学的方法、翻译理论教学的三个不同阶段，重要的是提出了翻译教学要特别注重素质和全面教学的观点。该书集翻译教学的理论与实践于一体，论述缜密，举例翔实，宏观与微观结合，是一部具有重要价值的翻译教学实践和翻译教学研究参考书。2005年阎佩衡出版了《英汉与汉英翻译教学论》一书。该书将翻译行为放在一个"二度对话"式的语境体系中，认为，既站在作者的立场上去斟酌和处理理解上的问题，又站在读者的立场上斟酌和处理表达中的问题，从而实现通过"言内意义"传达"言外意义"，最终实现"言后意义"的传达。这就是作者主张的"双观式"翻译教学观。正是从这一教学观出发，作者探讨了翻译中的理解、比较和表达的教学问题。作者的观点比较新颖，但是该书探讨的依然是翻译语言转换的具体操作问题，对于翻译教学中的实际问题，包括教材选择、教师素质、课堂组织等问题，均未涉及。

庄智象的《我国翻译专业建设：问题与对策》（2007）可看作我国第一部系统研究翻译专业建设的专著。作者广泛借鉴国内外翻译教学经验，深入分析了我国翻译专业本科的现状，阐述了翻译学科与专业建设的新观念、新思路，并提出了多条具体的措施和建议，具有较强的开拓性和可行性。尤其是对翻译专业做了多层次、多学科、全方位的描述和研究。内容包括翻译学的理论与范畴、翻译专业的定位与任务、人才培养的目标与规格、教学原则与大纲、课程结构与特点、教学方法与手段、师资要求与培养、教材编写与出版等，提出了多条具体的措施和建议。但是，该书探讨的问题较为宏观，对教学中的微观问题如学生的学习动机、师资发展、课程作业写测试等均未做进一步的探讨。

高华丽的《翻译教学研究：理论与实践》（2008）的第一部分（翻译课程部分）探讨了翻译作为高校外语院系英语专业的一门必修课的教学，主要包括口笔译的教学规律、教学方法、教学重点和教学测试评估等问题，根据翻译课实践性强的特点，提出了翻译课程教学的原则、具体可行的训练方法和步骤、教学中的难点与重点、教材的编选原则及测评方法；第二部分（翻译专业部分）以翻译专业本科阶段教学为研究重点，讨论了培养职业翻译的教学目标、课程规划、教学要求及测评方法，提出了基于翻译能力培养的翻译专业本科培养计划，也涉及翻译专业硕士阶段的一些问题。

薄振杰的《中国高校英语专业本科翻译教学研究》（2011）主要是借鉴西方客观主义和建构主义两大教学模式的优势尝试在中国翻译教学方面建立客观建构理论方法，以期对中国本科翻译教学的无标题语段翻译能力培养提供一定的指导和借鉴。我们认为，这一研究属于微观层面的研究。金萍的《多维视域下翻译转换能力发展与翻译教学对策研究》（2012）在以往翻译转换能力研究的基础上，吸收和借鉴了教育学、心理学、语言学等相关学科的理论和方法，对翻译转换能力与翻译教学对策进行了多维视域下的跨学科整合研究，进一步拓展了翻译教学理论与实践研究的领域和视域，对丰富和发展翻译转换能力和翻译教学研究都具有一定的理论和实践意义。王树槐撰写的《翻译教学论》（2013）是在作者博士论文的基础上进一步深入写成，该书主要提出了翻译能力的综合模式、翻译课程模块、翻译教学原则、翻译教学方法和翻译教学评价，该书使用了不少西方翻译和翻译教学的研究成果，理论性较强。陶友兰撰写的《我国翻译专业教材建设：理论构建与对策研究》（2013）主要对我国翻泽专业的口笔译教材的现状、编写原则和理论基础进行了宏观的研究，对翻译教学中教材的编写和教材的选择具有一定的指导意义。

关于翻译教学论文，我们在中国期刊网输入"翻译教学"这一关键词，收入核心期刊的论文有 1178 篇，其中 CSSCI 论文 605 篇，这些论文均就翻译教学的某一特定或具体问题进行了探讨。正如郑烨和穆雷在《近 50 年中国翻译教学研究的发展与现状》中指出的：翻译教学研究的论文数量持续增多，研究范围与内容不断多元化发展，选题的深度广度有所扩大，研究的视角有所拓展，有关教学法的研究排在首位，而现代科技与翻译教学、翻译教材研究、教学大纲与课程设置、翻译测试评估等方面的研究很少，语料库与翻译教学以及翻译教学师资方面的研究更是少。具体问题表现在以下方面：（1）没有清楚地界定教学模式和教学方法这两个基本概念；（2）研究范围很广，却没有中心主题；（3）研究翻译能力培养时概念使用也较混乱，有的用翻译人才培养，有的用翻译能力培养，也有的用译者能力培养等；（4）国外翻译教学介绍的多，分析研究批评较少；（5）翻译教学跨学科研究较多的是跟语言学的交叉研究，跟其他学科的交叉研究相对较少，特别是心理学、教育学、认知科学等相关学科，以及数学、计算机科学等自然科学；（6）中国内地的现代科技（如计算机、网络、语料库等）与翻译教学的结合研究起步晚，而且没有形成专业的团队；（7）翻译教材研究依然停留在单纯批评或是赞扬他人教材的层面，提出改进并设计出可行编著教材方案者并不多见；（8）教学大纲与课程设置极少有人问津（9）翻译测试与评估处于被忽视的状态；（10）师资发展研究几乎无人问津；（11）口译研究和笔译研究的比例严重失调。虽然翻译研究中大多涉及的是笔译技巧，但进行笔译教学研究者却很少；（12）翻译教学研究的课题逐渐多样化，却没有集中在某些较为值得关注的领域。

除专著和发表在期刊的论文外，商务印书馆于 2001 年出版了刘宗和主编的翻译教学论文集《论翻译数学》，主要收录了 1996 年在南京举行的全国首届翻译教学研讨会上提交的一些具有代表性的论文及 1994—1998 年间发表在主要外语学术期刊中的一些优秀教学论文，主要涵盖翻译教学思论、翻译教学理论与实践、口译教学、教材与教法、测试研究五个专题，共 52 篇文章。

王树槐将国内近年来的翻译教学理论研究趋势归纳为以下几点：

（1）注重市场需求、环境因素对翻译课程制定的影响；（2）介绍、引进建构主义教学理念，倡导从教学中心向学生中心转化；（3）在批评结果教学法的基础上，积极倡导过程教学法；（4）注重现代教育技术在翻译教学中的运用；

（5）介绍并开展 TAPS 翻译过程；（6）对比语言学和语篇翻译理论对翻译教学的指导日趋成熟，文体学、美学、教育学、心理学对翻译教学的指导也逐步成为研究的热点。以上研究大多以论文的形式出现。

综上所述，无论是带有"翻译教学"这样字样的著作还是研究论文，大多仅就某一专题进行论述，未能涵盖翻译教学的各个环节，还有些著作或论文过于理论化或过于追随国外的研究视角和理论，如引进建构主义的理念和"有声思维"理论以及关于翻译能力的探讨，而且很多研究并没有区分本科还是更高层次的翻译教学。在我国，本科翻译教学是非常重要的教学阶段，是培养翻译人才，尤其是培养翻译实践型人才的基础阶段，因此有必要对本阶段涉及翻译教学的许多方面进行详细的探讨和研究，包括教学的原则和目标、教学的内容、教学的手段、课堂组织、学习者的学习以及教师的发展、翻译测试等多个方面。同时，中国的翻译教学研究不能总追随国外教学理论和翻译教学理论以及翻译研究的脚步，不能一味地套用国外的一些理论，毕竟中国的翻译教学有着自己独特的情境，因此需要真正探讨出具有中国特色的翻译教学理论与翻译教学方法，真正能够指导中国的翻译教学，尤其是本科阶段的翻译教学。

第二节　翻译教学中存在的问题

虽然我国的翻译教学迄今为止得到了前所未有的发展，翻译系、翻译学院或翻译专业在很多高校设立起来，在为社会培养了不少翻译人才的同时也培养出了一批翻译教师，但是从目前看，翻译教师队伍的现状依然不尽如人意，存在一些亟待解决的问题。

一、师资不足

近年来，不少高校成立了翻译学院、翻译系，但这些机构的设置并不等于中国的翻译教学得到了长足的发展，更不等于师资队伍的壮大，事实上，很多高校传统上对翻译教学不重视，翻译学科建设相对缓慢，从而造成全国范围内翻译教学人才培养的相对欠缺，尤其是翻译专业毕业的硕士生、博士生比较少，能够真正担当起翻译教学任务的教师就更少，所以目前高校翻译师资严重不足。据了解，有些学校一名翻译教师有三四个甚至更多的教学班，有些是大班教学，课堂组织非常困难，而且作业批改的负担也很繁重。正因为如此，有些学校不得不让非翻译方向的教师承担翻译教学。尤其是随着国内越来越多的大学组建翻译专业、翻译系甚至是翻译学院，还有些院校将翻译变成了一级学科，更多的院校开始招收翻译专业硕士（MTI），而且招生人数一般都比较多，甚至还有逐年增长的趋势，这就造成翻译教师分配不均的现象，更多具有翻译专业背景的教师会从事硕士层面的教学，本科翻译师资更显不足。正如鲍川运指出的：中国翻译事业的发展，实际上就是中国改革开放 50 年的一个缩影。对翻译的巨大需求，使得许多翻译院系应运而生，翻译教学因此也得到空前的重视。近年来，不仅设立 MTI 专业翻译硕士学位，本科翻译系或翻译专业也雨后春笋般纷纷成立，形成本硕两个层次共同培养翻译的情况。但是，像任何其他事物一样，大发展必然会产生一定的盲目性，有些方面的条件势必跟不上发展，翻译师资就是一个突出的问题。

最后，现在的大多数高校对教师的要求是写出更多的论文，对翻译教师也是同样的要求，几乎没有多少学校要求翻译教师应该拿出好的"译绩"或好的"教学效果"。在教师晋升职称时，教学成果基本被忽略，译著的分量远远不及一篇核心期刊论文的分量，有些学校在评定职称时甚至将译著排除在科研成果之外，唯 CSSCI、SSCI 论文和省部级以上科研项目论职称，这也从很大程度上抹杀了翻译教师从事翻译实践的积极性，甚至很多教师因为批改作业要花去很多所谓"做科研"的时间而不愿从事笔译课的教学。而且几乎整个学术界对翻译实践也持同样的态度，针对这种现象，余光中一针见血地指出："所以有此现象，一大原因在于学术界认为翻译既非论文，当然不算学术，更与升等无缘。"[①] 因此，愿意承担翻译教学的教师很少，这又在一定程度上减少了翻译教师的人数。

二、师资队伍良莠不齐

目前，除师资不足以外，翻译教师队伍本身也存在良莠不齐的现象。翻译是一门实践性很强的课程，翻译教师既要掌握一定的教学技能，又要积累一定的教学经验；既要进行一定的翻译研究工作，如语言对比、文体学、文化与翻译的关系等，还要积累一定的翻译实践经验，这样才能保证翻译教师在教学过程中得心应手，有的放矢，才能保证将真正的翻译技巧传授给学习者，而不是照本宣科，也不是让学习者进行"放羊式"的翻译练习。可是，由于好多高校在培养翻译学硕士和翻译学博士的时候一般只注重学习者的理论水平，而不注重学习者的翻译实践能力的提高，只注重学习者是否有一定的学术研究能力，不重视翻译教学技

---

① 余光中 . 余光中谈翻译 [M]. 北京：中国对外翻译出版公司，2002：196.

能的培养，招聘这些翻译方向毕业生的高校虽然一般都是让他们从事翻译教学工作，但招聘时往往看中一些人的科研能力，到头来却发现这些人并不能如预期那样胜任翻译教师这一职位。还有些翻译教师如上文所述是其他方向的毕业生，以前也许从未对翻译或语言的对比有更多的涉猎，只是因为翻译教师的短缺而被迫教授翻译课程，这一部分教师也无法胜任翻译教学工作。另外，由于长期以来存在这样一种误解：学过英语的人就能做翻译，那么只要是英语语言文学专业毕业的学生就能教翻译，所以高校不会想到为上述这些教师（尤其是年轻教师）提供在职的翻译培训。这样，真正能够从事翻译教学赢得学生好评的翻译教师少之又少，这样就很难避免一些教师在翻译教学方面的经验实际上来自如语法、词汇、精读、写作等课程的教学经验，他们自"以为对翻译和应该怎样教翻译知之甚多。但实际上，他们对翻译理论、翻译教学以及翻译的经验研究方面的近期发展也了解得不多"。张永中指出，"目前中国高校的翻译师资队伍有待优化，许多教学的教师是英语文学背景，没有专门接受过翻译学科的理论教育，也没有在社会服务机构中从事过翻译实践的经历，对翻译学科的内容轻重不分。"即使是现在开设本科翻译专业的高校，张永中也指出：翻译教师大多是外国语言文学下设的翻译研究方向的硕士生，大部分参加社会翻译实践的经历不够丰富，不能很好地以自己的翻译实践经验来阐释翻译理论，使理论更好地指导学生的翻译实践。而社会上有丰富翻译经验的从业人员又因缺乏系统的翻译理论和学科知识，在学术理论上不能很好地胜任高校的翻译教学研究工作。

这种现象不是独有的，陈国崇指出："现有大学英语教师自身的翻译理论素养、实践能力及教学水平都远远无法满足需求。"由此可见，翻译师资队伍良莠不齐的现象已经极为突出，而师资队伍良莠不齐，势必导致翻译教学效果无法取得令人满意的效果。鲍川运指出，无论是国内还是国外，翻译师资无非有两个主要的来源，一是聘用有实务经验的职业翻译人员从教，二是原来从事外语教学的教师改行教翻译。前者多见于研究生层次的专业翻译教学，后者则多见于本科翻译教学，在口译教学方面，这种现象尤其突出。出现这种情况的主要原因是，仅从大学本科开设翻译课和建立翻译专业的学校数量上来看，对本科翻译师资的需求量远远大于研究生层次的翻译教学。全部聘用有实务经验的职业翻译人员任教是不现实，也是不可能的。在相当长一段时间内，大学翻译师资的主要来源将仍然是外语教师。

从事英语和汉语两种语言互译教学工作的教师，不仅要求其英文水平高，更应该要求其中文水平高，可是，正如余光中曾经指出的："外文系有些教师的中文，恐怕还不如外文。"更有些教师根本就没有翻译实践的经验，而且也没有动力阅读有关语言学、文体学、文化、文学方面的书籍，更因为教学和科研工作的繁重而不涉猎广博的知识。由此可见，无论是从专业背景、百科知识还是从翻译实践经验来看，目前本科阶段的翻译教师专业素质都令人担忧，这种良莠不齐的现象势必会对翻译教学的质量产生严重的影响。更重要的是，教师的专业水平会直接影响学生的学习翻译兴趣和效果。据了解，在很多院校扩大翻译硕士（MTI）招生比例之后，由于需要更多的师资去教授这样一批专业硕士生，本科生的翻译教师更是出现了上述现象，教师良莠不齐现象已成为全国一个普遍的现象，亟待提高本科翻译教师的专业素质。

三、翻译研究与翻译教学脱节

由于目前许多高校对科研的重视远远超出了对教学的重视，特别是各高校的学术管理体制中一般都存在科研量化的要求，使得很多教师为了晋升职称或保住现有的职称而不得不撰写一些所谓的"理论性"论文，以求能够发表。而且不少学术期刊也对文章的"理论性"提出较高的要求，翻译学科也不例外。翻译本身是一种实践性很强的技能，按理说，翻译方面的论文应该用来指导实践，可实际上真正能够指导翻译实践、以"翻译技巧"为主题的论文一般会被看作"没有理论高度"，所以翻译教师也不得不写出看似深奥实际上却晦涩难懂的论文以求在权威的期刊上发表。这就造成了翻译教师的研究与翻译教学严重脱节的现象。还有一些教师由于没有翻译学科的背景，更不用说在教学中能够使用浅显的翻译技巧理论来指导实践了。正如刘艳指出的，"虽然在对教师进行的问卷调查中，绝大部分的教师有一定的翻译理论基础。但学生时代所学的翻译理论已经满足不了如今的教学活动。这种对翻译理论的欠缺也造成了教师对翻译教学的迷茫和困惑。虽然很多教师想过要在讲解翻译练习时加入翻译技巧，但在教学实践中并没有实现有效的翻译理论的传授。"[①]

更何况，关于翻译教学研究就更是存在不少问题，主要表现在以下方面：

（1）论文选题虽然不少集中在翻译教学模式和翻译教学方法上，但直到现在仍然没有清楚地界定教学模式和教学方法这两个基本概念。

（2）从事翻译教学综合研究的人不少，但往往是一篇文章什么都谈了，又什么都没谈清楚，研究范围很广，却没有中心主题。

---

① 刘艳. 大学英语翻译教学现状调查与研究 [J]. 吉林化工学院学报，2011(8)：56.

（3）研究翻译能力培养时概念使用也较混乱。

（4）我们从20世纪50年代起就开始进行国外翻译教学的介绍引进，虽然涉及很多语种，但是分析研究批评的少。

（5）翻译教学跨学科研究较多的是跟语言学的交叉研究，跟其他学科的交叉研究相对较少。

（6）中国内地的现代科技（如计算机、网络、语料库等）与翻译教学的结合研究20世纪90年代后半期才开始兴起，研究数量不多却发展迅速。

（7）翻译教材研究依然停留在单纯批评或是赞扬他人教材的层面，提出改进并设计出可行编著教材方案者并不多见。

（8）教学大纲与课程设置极少有人问津。

（9）翻译测试与评估处于被忽视的状态。

（10）师资发展研究几乎无人问津。

（11）口译研究和笔译研究的比例严重失调。虽然翻译研究中大多涉及的是笔译技巧，但进行笔译教学研究者却很少，特别是像口译教学研究那样，把笔译教学分解为不同层面、不同课型、不同技巧等来具体深入系统全面研究者更加是少见。

（12）主题不明确，翻译教学研究的课题逐渐多样化，却没有集中在某些较为值得关注的领域。至于翻译教学领域的专著，大部分集中在翻译技巧或是翻译考级指导等方面，缺少全面系统的理论分析或实证研究。王树槐、栗长江指出，虽然近些年中国的翻译教学研究取得了一定的进展，但是还有很多方面需要解决和提高，包括开展翻译能力研究、梳理应纳入翻译教学的相关理论、增加美学方面的翻译教学理论、认识和明了建构主义的理论贡献及其缺陷和运用的误区、完善教学原则系统、改进翻译教学评价体系等方面。

由此可见，很多学者意识到，翻译教学与研究脱节的问题比较严重，而很多翻译教师又没有意识到翻译教学研究的重要性，可见翻译教学要注重翻译研究和翻译教学研究有机地结合在一起，尤其是探讨出真正能指导翻译教学的理论模式和理论框架。

四、对教学的内容和方法认识不足

20世纪80年代到90年代的翻译教学主要侧重于语言的分析，当时不少翻译教程主要根据两种语言的不同总结归纳翻译技巧，最具代表性的是张培基等人编写的《英汉翻译教程》。可是进入 21 世纪以来，学界对这种以语言为中心的翻译教学产生了怀疑，但目前对翻译课到底要教什么、如何教这样的问题，很多教师依然迷茫。不少翻译教师不再重点讲授双语对比和翻译技巧，而是让学习者课下甚至课上做翻译练习，然后在课堂上为学习者提供参考译文。在这样的教学中，学习者即使做了大量的练习，依然是"丈二和尚摸不着头脑"，因为他们并不知道翻译到底有无规律可循，到头来发现自己的翻译水平并没有实质性的提高，每次遇到新的翻译材料依然会产生非常严重的"陌生感"，给翻译课的教学效果打了很大的折扣。实际上，这种现象归根到底是因为翻译教师没有真正发挥应该发挥的作用，对翻译教学的内容和方法没有形成足够的认识，所以翻译教学的内容不明确。

不少翻译教师的教学方法也不得当。刘和平指出："大学本科翻译教学是学习翻译的启蒙阶段，采用科学、有效的教学方法把学生领进门，这对学生未来的发展至关重要。"而很多教师所使用的教学方法是否科学和有效值得怀疑，如胡安江指出，翻译教师中真正学翻译专业的并不多。也就是说，既懂理论又懂实践的优秀翻译教师严重匮乏，翻译教学的形式因此流于单一，大都遵循练习—批改—讲评的传统模式，即"教师极少从历史、文化、社会意识的层面与学生探讨原语和译入语的理解与把握，也很少从英汉语言对比和翻译理论的角度来研究译入语的表现方式和目标读者的期待视野。当然，从主流意识形态和诗学传统等角度来考查读者的审美心理和译入语文化的接受能力就更是少之又少了。"

综上所述，无论师资人数还是师资队伍的专业素质（包括翻译理论和翻译教学研究、教学内容、教学方法）等都存在一定的问题和不足，所以翻译教师队伍现状堪忧，亟待整合和提高，教师的职业发展还有很大的空间。

第三节　语内翻译在语际翻译中的重要性及对翻译教学的启示

雅可布逊（R.Jakobson）在《论翻译的语言学问题》（*On Linguistic Aspects of Translation*）中指出，翻译分为语内翻译（intralingual translation）、语际翻译（interlingual translation）和符际翻译（intersemiotic translation）。所谓语内翻译指"在同一语言中用一些语言符号解释另一种语言符号"，语际翻译指两种不同语言之间的翻译，即"用一种语言的符号去解释另一种语言的符号"，而符际翻译就是"通过非语言符号系统解释语言符号"。其中，语内翻译也称作"改变说法"（rewording）。这三种翻译类型并不是彼此孤立存在的，而是互相依存、相互联系的。从某种意义上说，语内翻译是语际翻译的第一步。原语和目的语之间词义的不完全对等、句式结构的差异以及两种语言背后的文化差异势必会给译者的语际翻译带来一定的困难，这时，译者可根据对原文的理解首先用原文其他语言手段对要翻译的词、句子等进行解释，然后再在目的语中找到相对应的表达，这样就使翻译过程变得容易，使译文更加贴切，比不经过语内翻译而生搬硬套地进行语际翻译的效果要好得多。这一技巧可以用到翻译教学当中，使翻译学习者明白语际翻译之前先进行语内翻译，用这样的方法翻译出来的译文会让翻译学习者更有信心。下面以汉译英为例，拟从三方面探讨语内翻译在语际翻译中的重要性及其对翻译教学的启示。

一、从词和短语的层面看语内翻译在语际翻译中的重要性及对翻译教学的启示

可以说，词是语言中最小的能够独立运用的意义单位。词的意义非常丰富，不仅局限于其本身的意义，还有其不同的指称意义、语用意义等。一方面，"人类生活在共同的、大体一致的生态环境和历史环境中。人类的感官功能、基本心理过程和思维结构是大致相同的"。从这个意义上说，不同语言的使用者在词义方面必定存在相符的关系，即两种语言中有些词义基本上是对等的，如汉语的"房间"和英文的 room、英文中的 vegetable 和汉语中的"蔬菜"。但值得注意的是，由于不同民族的具体生活环境不同、思维模式不同，所以更多的情况下，词的意义是不对等的。有人甚至指出，严格地说，在两种对译的语言中，意义完全相同的词是不存在的。英语和汉语的读音、词形和词源不同，自不待言，所体现的语法结构和语用规则有差别，也显而易见。但是最主要的是因民族文化的差异使它们的指称意义的层次和范围不能全部覆盖或吻合。即使覆盖面基本相同，其感情意义、联想意义和语用价值也可能有很大差别。

在词义无法对等的情况下，尤其是意义受语境制约程度高的情况下，译者无法从双语词典中获得合适的对应词，应根据上下文先解释词在原语中的意义，然后根据这个意义在目的语中选择意义相近的词。譬如，"拳头产品"这一中文词不能马上译成 first product，因为 first 只表示身体部位，而中文"拳头产品"用来描述优异的、有市场竞争力的产品，译者根据这一语内解释便可将其译为 competitive product。再如，"手忙脚乱"在汉语中属于四字成语，如果直译为 with one's hands and feet in confusion，显得比较生硬，所以这时可对该汉语词进

行语内解释，"手忙脚乱"实际就是"忙碌"的意思，然后可以根据这一语内翻译将其译为通俗易懂的英文 busy。不妨再来看下面的例子：太湖奇峰环抱，烟水迷蒙，自然天成的湖光山色美不胜收。这个中文句子中，"湖光山色"在很多人看来是个四字成语，可以毫不夸张地说，大多数译者在翻译这个词的时候都会禁不住去查阅汉英词典。比较权威的词典《新时代汉英大词典》中给出的英文有两个，分别为 landscape of lakes and mountains 和 natural beauty，由于本句里已经出现"自然天成"这样的字眼，所以译者一般不会再选择后一个对应词，而直接选取前面的对应词。结果有人将整个句子译为：The mist-covered surface of the water and surrounding hills make Taihu a splendid natural landscape of mountains and lakes. 而实际上，这句话是描写太湖的，所以这里的 lake 就不应该使用复数，因为只有"太湖"这一个湖。因此，"湖光山色"一词在该语境中的翻译是错误的。其实，译者在看到这个句子时，不应马上翻阅词典寻找"湖光山色"的英文对应表达方式，而应该根据词所在的语境进行一个语内解释，不妨将之解释为"很美的景色"，这样再译为英文就非常简单，语内解释完成之后甚至可以词对词进行翻译，变成 splendid/marvelous/fantastic scenery. 整句话可以译为：Surrounded by hills and veiled in mist，the Taihu Lake boasts marvelous natural scenery。

　　以上分析给翻译教学以很大的启示。实际上，正如美国语言学家兼翻译家奈达（E.A.Nida）指出的，翻译即翻译意思（Translation means translating meaning），也正如早在 17 世纪英国著名诗人、作家德莱顿说过的"翻译即释义"（Translation is paraphrasing）。因此，在翻译教学中，应该告诉学习者学会用自己的语言进行解词。可能会有人认为，解词似乎是小学生和中学生的事情，但是前文的分析说明，要取得良好的翻译效果，语际翻译之前的语内解词非常重要。由于词不仅具有所指意义，还有其联想意义，不仅有其字面意义，还有其比喻意义等。而词的联想意义和比喻意义等跟词所处的语言内环境和语言外环境以及语域等有着密切的关系，所以很多时候，在词典中查到的目的语对应词可能不符合词所在的语境或语域，或者有些词或短语在词典中根本找不到对应的表达方式，所以在翻译教学中，首先应该教会翻译学习者如何根据词和短语所在的语境先用简单的原语进行解释，即先对词进行语内翻译，然后根据这一语内翻译的"译文"进行语际转换，这样获得的译文反而会更符合词所在语境。所以，"语境中的文本"这一概念在翻译教学中越来越受到青睐。这样，翻译学习者就不必急于查词典或上网搜索有可能不符合语境的对应词汇。正如刘宓庆指出的，在翻译课上，"宜要求学生自己进行紧扣语境的意义辨析，然后在堂上讲评他们的辨析正误。

这样着眼于能力培养，学生印象也比较深刻，也便于训练他们进行理论方面的思考、探讨"。这种语义辨析，不仅包括语际间的语义辨析，更应该包括用原语进行语义辨析，然后进行翻译。

二、从句式结构层面看语内翻译在语际翻译中的重要性及对翻译教学的启示

学过英文的人都知道，英文属于主语优先型语言，即英文的句式结构一般都可归纳为 S+V 结构（主谓结构），这种主谓结构是"高度语法化的结构"。其中主语是很重要的句子成分，是谓语动作的发出者或承受者。如本书前面谈及，而汉语句子并不都是和英文主谓结构相同的结构。很多情况下，我们可以说汉语句子是"话题＋评述"（Topic+Comment/Theme+Rheme，简称 TO/TR）的句式。正如刘宓庆指出的："英语句子基本上围绕主语与动词谓语的 SV 搭配形成形式主轴。这个主轴在汉语中是没有的，汉语中取而代之的是意念主轴，就是汉语中所谓'意定于思，而成于笔'。但在汉语中，主语并不起决定性作用，它只是一个被陈述的'话题'，缺乏英语主语那种'不可或缺'的职能。"当然，汉语有些句式结构和英文主谓结构基本是一致的，如"我们盖了一栋房子"和 We have built a house，分析起来，都是 S+V+O+OC（主＋谓＋宾＋宾补）的结构，"他给了我那本书"和 He gave me the book，都是 S+V+O+OC（主＋谓＋宾＋宾补）的结构。但是，汉语的很多 TC/TR 结构与上述 SV 结构是不一样的，如"这些材料我们只能盖一栋房子"，很显然，这个句子中，"这些材料"只是一个"话题"，从英文句式结构看，其真正的主语应该是"我们"。那么，在将这类句子译成英文时，就需要将 TO/TR 结构转换为 SV 结构。翻译的过程中有很多时候，如果上来就进行语际间的转换，往往会有些难度，特别是较长的汉语句子翻译的难度会更大，所以，译者在进行语际转换之前，先将原句的 TC/TR 结构转换为语内的 SV 结构，然后再进行翻译，就会简单很多。比如，我们可以把上面的话"这些材料我们只能盖一栋房子"先在语内解释为以下 SV 结构：我们用这些材料只能盖一栋房子，然后再根据这样的主谓结构将之译为英文：We can only build one house with these materials.

不妨再来看下面的一个例子：成百万原来享受免费医疗的城市居民，今后的医疗费用将自己承担一部分。这个句子中，前半部分（"成百万原来享受免费医疗的城市居民"）是"话题"（Topic/Theme），后半部分（"今后的医疗费用将自己承担一部分"）是"评述"（Comment/Rheme）。对这个句子可先进

行以下语内翻译，变成 SV 结构，然后按照这个 SV 结构译成英文就显得简单多了：成百万原来享受免费医疗的城市居民今后要自己承担一部分医疗费用。这个语内翻译和英文的 SV 结构基本一致，所以译成英文时便成为：Millions of urban residents who were entitled to free medical care will have to pay part of their medical expenses。

　　以上分析说明，由于中英文句式结构的差异，在将中文译成英文时，可先根据英文的句式结构特点，将汉语 TC/TR 句子转换为汉语内部的 SV 结构，这就是语内翻译，然后再根据转换来的汉语 SV 结构译成英文。这样的翻译方法简单可行，而且有助于避免中式英语句式结构的出现。

　　因此，语内翻译还涉及句式的语内转换。这一点告诉我们，由于一般翻译中均以句子为翻译单位，所以在翻译课初期要将英汉句式对比作为专题进行讲解，主要讲解英语句式结构和汉语句式结构的差异。在这个专题中，可以如刘宓庆所说，"引导学生进行语法结构分析"。在谈到翻译中句法教学时，刘宓庆还指出要让学生认识到汉语的"话题"，在实务教学中让学生认识到这一点，对翻译实践中的句式分析和译句的主谓定位具有无可置疑的重大意义。正是基于这个基本的句法差异，汉英翻译实务操作中才有"主谓定位"这项首当其冲的任务。英语结构主要为 S+V，一种被动，一种主动；而汉语句式则分为三种，一种与英文基本一致，一种是话题＋评述（Topic+Comment），还有一种是无主句。然后主要讲解汉语后两种句式如何转换为英文的 S+V 结构。教会翻译学习者如何先在汉语内部将句子转换为主谓结构，然后再如何转换为英文。这样学习者在进行翻译时，就会有效地避免"中式英语结构"的现象，如在翻译"这种国际产业转移扩大了中国的贸易顺差"时，就会避免 This international industrial transfer has expanded China's trade surplus。因为通过句式结构对比可以知道这句话中的"国际产业转移"不能发出"扩大贸易顺差"这一动作，"国际产业转移"只是一种原因。因此这句话的语内解释应该是"因为这种国际产业转移，中国的贸易顺差提高了"，然后再将这句译为 Because of this kind of international industrial transfer, China's trade surplus has increased。由此可见，从句式结构看语内翻译也是语际翻译的第一步。

三、从文化层面看语内翻译在语际翻译中的重要性及对翻译教学的启示

　　众所周知，语言是文化的载体，语言反映了一个民族的生态环境、风俗习惯、

宗教信仰等诸多文化因素，而不同民族在这些文化方面存在相似之处，但更多的则是相异之处。如果两种语言存在表达相似文化现象的语言符号，那么翻译就显得简单容易，但由于文化相异，一种文化现象在原语中通过某一语言形式表现出来，在目的语中却往往找不到相对应的表达方式，这势必会给翻译带来很大的困难。英汉两种语言更是如此，因为英语民族的生态环境、风俗习惯和宗教信仰与汉民族的生态环境、风俗习惯和宗教信仰都存在很大的差别，这些差别反映在语言当中，给译者带来很大的障碍。如果反映某种文化现象的语言形式在目的语中找不到对应的表达方式，译者不妨先在头脑中进行一次语内翻译，即用原语中普通的表达方式将这一文化语言符号解释出来，然后根据这一解释将之翻译成目的语，完成语际翻译。

比如，高松年神色不动，准是成算在胸，自己冒失寻衅，万一下不来台，反给他笑，闹了出去，人家总说姓方的饭碗打破，老羞成怒。

钱锺书：《围城》这个例子中，"饭碗打破"如果直译为英文，则为 break the bowl，但这对英文读者看来似乎并不容易懂，另外，英文中也没有对应的其他文化语言符号。那么，译者在翻译之前，可以对这一短语进行语内解释，然后再进行语际转换。中文经常使用"饭碗"来表示"工作"，而"饭碗打破"可以通俗地解释为"丢了工作"，根据这一语内翻译，语际翻译便迎刃而解，即 lose the job。当然，本例中另外一个俗语"下不来台"此处是"孤立无助"之意，"孤立无助"这样的意思在英文中有相对应的俗语表达，即 out on a limb。整句话的译文为：Since Kao Sung-nien never changed his expression, Kao must have a plan already worked out.If he risked going in to start a quarrel and found himself out on a limb, he'd just be laughed.If the story got out, people would say that when Fang lost his job, his shame turned into resentment.（Kelly & Mao 译）

谚语可以说是具有浓厚文化色彩的语言形式，在翻译中国谚语时，如果在英文中无法找到意义相对应的谚语，一般就只能翻译其意思。遇到这种情况，译者不必急着查阅词典或上网搜索，而是可以根据语内翻译来确定语际翻译。譬如：不到黄河心不死。这一谚语不能直译为 One's heart will never die until he reaches the Huanghe River，因为这种拘泥于原文字面意思的翻译会让英文读者感到难以理解。实际上，我们不妨先对这一谚语进行语内翻译，即不到完全没有希望，一个人的雄心是不会死的。根据这一语内翻译，就可以进行以下语际翻译：Ambition will never die until all hope is gone。这样的译文不仅读起来朗朗上口，而且意思非常明确，能够达到翻译的目的。

　　由此可见，从文化角度看，语内翻译也应该成为语际翻译之前一个非常重要的环节，否则可能会造成翻译上的隔膜。因此，为准确地传达原文的文化信息，译者必须具备敏锐的感受力，把自己所体味到的文化意义用原语先解释和表达出来，然后再进行语际转换，这个过程是"两个文化世界的精神尽可能对等的一个过程，这一过程的实现，也就是翻译中最高境界的实现过程"。

　　翻译教学中，文化本身就是一个很重要也是很困难的课题。我们认为，值得注意的是，有的学生在平时的学习中往往只重视英语习语的收集，却忽略了很多汉语符号的真正文化背景和文化内涵，从而在翻译中把自己的错误理解迁移到英文当中；有的学生不太注意与文化有关的语言形式的积累，在翻译的时候，往往根据汉语的表面意思进行直译，这种直译过来的文化符号往往使英语读者莫名其妙。

　　所以，在翻译中，"引导学生进行文化分析，析出文化信息，并要求学生提出翻译对策。文化信息渗透语言的各个层面，宜经常提醒学生注意"。鉴于此，应该注重提高学生原语文化的底蕴，引导学生深入了解原语的文化内涵，然后在目的语中尽力找到相对应的文化语言符号，如果找不到，就应该引导翻译学习者先对原语的文化语言符号进行语内解读，用普通的语言形式解释其意思，然后将解释出来的意思译为目的语，这样就比直译其字面意思准确得多，易懂得多。关于文化符号的语内和语际转换，正如邱俏宏指出的："这两个过程的'视野交融'为翻译的文本提供了一个更宽阔的'地平线'，从而使译者带动读者在自己熟悉的思想世界和陌生的思想世界里自由驰骋。"由此可见翻译教学中文化教学的重要地位。

　　通过以上的分析，我们不得不承认，在进行语际翻译之前先进行语内翻译，可以使翻译过程变得简单，同时能使译文在更好地传达原文信息的同时，在表达上更贴近目的语的习惯。所以，我们不妨认为翻译过程是：原文→语内翻译→语际翻译→译文。

　　这一点对语际翻译教学提供了启示。我们知道，翻译作为高年级的外语专业高级技能课，主要在于培养翻译学习者的双语转换能力。这种双语转换能力主要包括两种语言之间词汇、句法和文化的转换能力。但是，在教学过程中，我们发现翻译学习者在翻译中经常出现用词不当、句式结构呆板、文化现象传达不切义等现象，这些现象在翻译教学的初期表现得更为明显，所以我们认为，不妨将语内翻译也引进翻译教学，使翻译学习者对原语的理解更加深刻，从而用目的语中更准确的词汇、句法和文化符号去再现原文的信息。

第四节　英语翻译教学的原则

一、循序渐进原则

翻译活动应当本着由浅入深、循序渐进的规律，所选的语篇练习应该是先易后难。从题材来看，应该从学生最了解的入手；从篇章的内容来看，应该是从学生最熟悉的开始；从原文语言本身来看，应该是从浅显一点的渐渐到难一些的。这样由浅入深，学生学习起来才会有信心，并逐渐培养起对翻译的兴趣与热爱。例如，从语言的角度讲，外语专业高年级的学生已完成语言基础学习任务，按理说语言运用能力是比较强的，但是刚开始学翻译的时候，对源语的理解和对译语的表达往往会显得捉襟见肘。如果一开始语言太难，必然会成为他们理解和传译的障碍，也会影响他们继续学下去的兴趣。

二、以学生为中心原则

对学生而言，学习翻译就是如何通过学习这一过程成为一名合格的翻译工作者。从这个角度来说，学生学习翻译的过程并不是从教师那儿必须或能够习得知识，而是通过从实践中积累经验建构自己的专业知识，教师则只是发挥指导与协调的作用。因此，翻译教学必须充分考虑学生的主观能动性、创造性和互动性，充分协调学生、翻译教学和市场需求之间的关系，力求培养出学活、用活知识结构，并能顺应、满足社会需求的高素质的翻译人才。这就要求翻译教学不仅要提倡学生在课堂上扮演主角，而且还要鼓励学生通过实践最终发现探求知识的规律和奥秘。教师要积极转变自身角色，灵活安排各种教学活动，培养学生的创造性与发散思维和团结精神。

三、翻译速度与质量相结合的原则

翻译教学过程中还需要遵循翻译速度与质量相结合的原则。培养学生的翻译能力是翻译教学的目标。翻译能力的培养不仅需要学生掌握相关的翻译技巧，还要确保译文质量的关键，更需要学生提高翻译速度。这主要是因为，在现实的翻译实践活动中，急催稿件的事情经常发生，如果学生的翻译速度无法满足稿件的需求，则会影响翻译任务的完成，可见提高学生的翻译速度是翻译教学中必不可少的任务之一。

　　具体来说，教师在边讲边练的过程中，可以经常做课堂限时练习，如英译汉练习的量可以先从每小时 100 个左右英文单词开始，以后逐渐增加到每小时150，加到每小时 250 ~ 300 个英文单词甚至更多；英译汉可以从每小时 150 个汉字开始练，让学生在有限的时间内学会有效地安排时间，逐渐提高翻译的质量，最重要的就是要有一个认真的态度。

四、培养翻译能力与翻译批评能力相结合原则

　　在翻译教学过程中，教师不仅需要培养学生的翻译能力，还要将培养学生的翻译批评能力与翻译批评能力相结合，统一于翻译的教学实践中。

　　翻译批评能力是指对他人的翻译作品做出客观的评价，评价中不仅点出其中的优点，还要点出其中的不足，还可以对译文中的错误进行适当的修改。遵循这一原则，不仅有助于学生向他人学生翻译中的优点，还有助于学生进行自我反思，让自己在以后的翻译过程中，避免出现类似的翻译错误。

五、交际原则

　　学习语言的最终目的就是交际，外语交际能力主要包括准确接受信息的能力。而对翻译教学以及翻译能力的培养而言，交际能力还包含准确转换信息的能力。交际理论认为，语言是表达意义的体系，其主要功能是交际功能，语言的结构反映其功能和交际用途，语言的基本单位不仅仅是它的语法和结构特征，还包括反映话语中的功能和交际意义的范畴。因此，在英语翻译教学的过程当中，教师应始终遵循这一原则，在这一原则的基础上培养学生的翻译技能。

六、认知原则

　　学生通常会在给予自己原有知识的基础之上来接受和学习新的知识，同时也会依据自己的认知特点以及自己也有的思维方式来采取不同于其他人的学习方法和策略，因此在翻译教学中，教师要遵循认知原则，充分考虑学生的不同特点，并针对学生的特点设计出能够激发学生兴趣、调动学生积极性的活动模式，引发学生积极进行思考，培养学生自己的学习方法和策略，发展学生的翻译技能，使学生实现有效交际。

七、题材丰富原则

为了适应社会各方面对翻译人才的需求，翻译练习的材料应该多样化和系统化。不仅要有应用文体、新闻文体、广告文体，还要有法律文体、文学文体等。每一种文体的练习都应该呈阶段性，即一种文体结束后进行另一种文体的练习。此外，要对每一种中英文文体的功能和特点进行介绍，以便让学生了解，并在练习中加以体现。每一种文体练习一直到学生能基本做到触类旁通。文体翻译练习不是单一进行的，翻译中常见的问题与文体的练习要结合起来。例如，有的翻译问题在这种文体中出现得多些，在另一种文体中，别的问题又会出现得多一些，将解决翻译问题与文体语篇练习结合起来会收到事半功倍的效果。

八、文化原则

语言学习本身就是一种跨文化交际活动，翻译学习更是如此，它要求学生必须了解不同语言国家的政治体制、经济模式、思维习惯、生活方式、风土人情、表达习惯等。因此，在翻译教学过程中，教师要时刻谨记这一原则，并将学生置于跨文化交际的语境之下，重点培养学生的跨文化信息转换的能力，使学生切实感受到只顾语言的对应，不考虑不同国家间的文化差异是难以达到交际目的的。

第四章 英语翻译教学法的改革与实践

第一节 英语翻译教学的方法改革与实践

一、英语翻译教学的方法改革

（一）图式法

图式实际上就是一些知识的片段，它是以相对独立的形式保存在人的大脑记忆中，对言语的理解其实就是激活大脑中相应的知识片段的过程。每个人从生下来开始就在同外部世界接触的过程中认识周围的事物、情景和人，同时在头脑中形成不同的模式。围绕不同的事物和情景，不同的认知模式就形成了有序的知识系统。图式的作用非常重要，它是人的头脑中关于外部世界知识的组织形式，是人们赖以认识和理解周围事物的基础。在面对新的信息时，人们大脑中如果没有形成类似的图式，就会对理解产生负面的影响。因此，将图式引入翻译教学当中的意义十分重大，这样可以成功地激发学生头脑中与文本相关的图式，使学生对原文有一个正确的理解。

具体到翻译教学中，教师可以为学生提供一些需要激活图式才能正确理解的语言材料，然后要求学生根据这些材料进行翻译。同时，教师要帮助学生记忆语言的形式和功能，帮助学生调动相关的图式，以帮助他们修正和充实对事物的认知图式。

（二）推理法

推理是从已知的或假设的事实中引出结论，因此它可以作为一个相对独立的思维活动出现，经常参与许多其他的认知活动。推理是文本结构的内在特征，不是译者凭借想象做出的随意行为。翻译时采用推理策略可以增加信息，把握事物之间的联系，促进言语的理解。当人们在看到翻译的文本时，往往会根据已有的知识经验做出一系列推理，这些推理为译者提供了额外的信息，把文本中的所有内容都联系起来，使人能充分理解每一个句子。教师要有意识地向学生介绍一些常用的推理技巧，如根据逻辑指示词进行推理，从作者的暗示及上下文线索进行推理，从文本的整体结构进行推理，利用文本的解释和定义对某些词句进行推理等，上述这些推理理解技巧一定要和正确地识别语言结构内容紧密结合起来，否则这种推理就成了脱离文本的主观猜测。

（三）猜词法

猜词策略是英语翻译教学的有效策略之一。使用猜词策略离不开概念能力的提升。所谓概念能力是指在理解原文过程中对语言文字的零星信息升华为概念的能力，是原文材料的感知输入转化为最佳理解的全部过程。学生在词汇贫乏时，对词句、段落形不成概念，或者对关键语在原文中的含义不甚理解的情况下，如果得不到文字信息的反馈，就会陷入对内容的胡乱猜测。因此，教师要指导学生使用猜词方法。具体来说，翻译中的猜词方法包含以下几种：

（1）根据词的构成猜测词义。这是一种比较常用的策略，它要求学生掌握一定的构词法知识，特别是词根、前缀、后缀的意义。

（2）根据信号词猜测词义。所谓信号词就是在上下文中起着纽带作用的词语。这些词语对猜测生词词义有时能起很大的作用。例如，but，however，therefore，thus，as a result 等信号词。

（3）根据意义上的联系猜测词义。句子的词语或上下文之间在意义上常常有一定的联系，根据这种联系可以猜测词义。

（4）结合实例猜测词义。有时，在下文中给出的例子对上文中提到的事物加以解释，可以结合例子中常用词猜测所要证明的事物中的生词的词义。反之，也可以猜测例子中的生词含义。

（四）语境法

语境就是言语环境，既指言语的宏观环境，又指言语的微观环境。宏观语境是话题、场合、对象等，它使意义固定化、确切化。微观语境含义搭配和语义组合，它使意义定位在特定的义项上。在翻译的过程中，这两种言语环境都要考虑到，因为只有两者结合才能确定话语的含义。同时，译者不仅要依据自己的语言知识获取句子的意义，还要根据原文语境中的各类信息进行推理、思辨，获取原文作者想要表达的深层意图，进而确定相应的译文，准确地表达原文的意思。语境在翻译中起着至关重要的作用，翻译中的理解和表达都是在具体的语境中进行的，词语的选择、语义的理解、篇章结构的确定都离不开语境，可以说语境是正确翻译的基础。因此，在具体的教学过程中，教师要引导学生在理解原文的同时紧扣语境，反复推敲，以达到准确传达原文意义的目的。

（五）技巧法

1. 直译

直译就是把一种语言传达的内容与形式变换为另一种语言的内容与形式的过程或结果。换句话说，直译就是在翻译过程中基本不改变源语的形式，更不改变源语的内容，而是尽量将原文的词序、语序、词汇意义、句法结构、问题结构、修辞方式、地方色彩和民族特色等保留下来，从而使译文和原文在形式上、内容上都相互一致或基本相似。直译强调"形似"，即依照原文的形式将其逐一翻译出来。例如：

The outcome of a test is not always predictable.

实验的结果并不总是可以预料的。

Whole sale tea prices have almost doubled.

批发茶价几乎翻了一番。

Just as dark clouds cann't hide the sun so no lies can cover up the fact.

正如乌云不能遮蔽太阳，谎言是掩盖不了事实的。

The igniter combustion often produces hot condensed particles.

这种点剂燃烧常常产生热的凝结颗粒。

需要注意的是，直译并不是一字一句的死译，直译是一种正确的翻译方法，而死译则是望文生义，是完全错误的，应当摒弃。有时一些平时非常熟悉的词语包含着深层次的含义，因此在直译过程中应当注意，如果简单地照字面直译，可能会犯错。例如：

go moonlighting 干兼职

死译：月下漫步

panda car 警察巡逻

死译：熊猫小汽车

You can't be too careful.

死译：你不能太小心。

正译：你应该特别小心。

It's an old and ragged moon.

死译：那是一轮又老又破的月亮。

正译：那是一轮下弦残月。

2. 意译

意译是指一种语言所表达的意义用另一种语言做释义性解释。由于中西方文化在思维习惯和语言表达上存在很大的差异，译者在翻译过程中有时很难保留原文的文化特色和具体形象。此时，译者可借助意译，将原文的思想在译文中正确地表达出来。意译不重"形似"而强调"神似"，主要涉及以下几种情况：

（1）英汉两种语言中有些表达形式虽然相似，但意义不同，如果容易造成误解，所以最好使用意译法。例如：

Our pianist had fallen ill，and then，at the eleventh hour，when we thought we'd have to cancel the performance，Jill offered to replace him.

最后关头我们的钢琴演奏者病倒了，当我们以为不得不取消表演时，吉尔表示愿意代替他演出。

A：You came first! You've won the prize!

B：Really? Or are you just pulling my leg?

你是第一个到的，你得奖了！

真的吗？你不是在捉弄我吧？

（2）原文表达具有鲜明的民族和地方色彩，其具体形象或含义无法为译入语读者所理解，则宜采用意译，如习语、成语及典故的翻译。例如：

Once a year，when it comes time for tax returns，American find out how much of their income goes to Uncle Sam.

一年一度，所得税结账时，美国人民就会知道他们的收入中有多少是贡献给国家的。

I can't get a job because I haven't got anywhere to live，but I can't afford a place to live until I get a job—it's a catch-22 situation.

我没有住所就找不到工作，但是没有工作就没钱租房子，这真是左右为难。

（3）套译严格来说也属于意译的一种。英汉两种语言用不同的形式表达相同或相近的含义时，可以按照译入语的表达习惯进行套用或套译，以便于译文读者接受。例如：

love me，love my dog 爱屋及乌

gild/paint the lily 画蛇添足

as close as an oyster 守口如瓶

let the cat out of the bag 露出马脚

需要注意的是，意译并不等于乱译。意译虽然强调神似，以表达意义为主，

但不能歪曲原文，否则便是乱译。例如：

The best conductor has the least resistance and the poorest the greatest.

乱译：最好的指挥员极少遇到抵抗，而极差的指挥员会遇到极大的抵抗。

正译：最好的导电体电阻最小，而最差的导电体电阻最大。

3. 音译

音译法是指用相同或相近的语言来翻译另一种词语。由于各民族的文化背景不同，一种语言中所表达的事物有时在另一种语言中找不到对应词。因此，为了忠实原作，保留其原有的民族特色，常常需要采用音译法。一般来说，音译法主要用于翻译英语的专有名词、新词、科技术语或其他具有特殊色彩的词汇等。

（1）专有名词的翻译

①人名翻译

英语或汉语中的人名互译常采用音译法。例如：

Shakespeare 莎士比亚

Albert Einstein 阿尔伯特·爱因斯坦

Nancy Davis 南茜·戴维斯

Barack Obama 贝拉克·奥巴马

有些英文人名中含有英文字母，在译成汉语时可以将其保留下来。例如：

O.Henry 亨利／欧·亨利

J.Edgar Hoover J. 埃德加·胡佛

John F.Kennedy 约翰 F. 肯尼迪

有些英文名是同名同姓，为了将彼此分开，常在姓名后加上数字或缩写字母，当译成汉语时，也应将这些数字或缩写字母所包含的意思表达出来。例如：

Joseph I 约瑟夫一世

George VI 乔治六世

Elizabeth II 伊丽莎白二世

对于一些有中国名字的外国人，通常不再音译其英语姓名，而是直接使用中国名字。

Gilbert Reid 李佳白

John King Fairbank 费正清

Ferdinandus Verbiest 南怀仁

②地名、河流、山川翻译

除人名翻译外，一些地名、河流、山川等专有名词的翻译也采用音译法。例如：

Haiti 海地

the Vatican 梵蒂冈

Wellington 惠灵顿

Manchester 曼彻斯特

Panama 巴拿马

The Amazon 亚马逊河

The Mississippi 密西西比河

The Rockies 落基山脉

The Alps 阿尔卑斯山

有些英语地名较长，为了既符合汉语表达习惯，又方便使用，可做相应的调整。例如：

Philadelphia 费城（全称"费拉德尔菲亚"）

California 加和弗福尼亚（简称"加州"）

Indonesia 印度尼西亚（简称"印尼"）

（2）货币名称的翻译

英语中出现的货币名称也常采用音译法进行翻译。例如：

pound 镑

dong 盾

franc 法郎

rupee 卢比

peso 比索

（3）计量单位翻译

我国科技专业术语中的某些计量单位名称，大都也是音译过来的。例如：

hertz 赫兹（频率单位）

joule 焦耳（能量单位）

watt 瓦特（功率单位）

newton 牛顿（力学单位）

4. 形译

有时英语中常用英文字母来表示某事物的外形，翻译时可采用类似于这种字母形状的汉语来表达，或将其形象用汉语表达出来，这种翻译方法即为形译法。形译法具体可分为以下情况：

（1）保留原字母不译。例如：

A minor　A 小调

G major G 大调

C diskette C 盘

D-valve D 形阀

（2）依据英语字母的外形来进行相应的形译。例如：

O-ring 环形圈

U-nut 马蹄螺母

U-steel 槽钢

（3）选用与英语字母近似的汉字来译。例如：

Z-bar 乙字钢

Z-beam 乙字梁

zigzag 之字形

crotch 丫形岔口

convex 凸面

concave 凹面

crosshead 十字头

（4）形译还可以不考虑英文字母的外形而将其直接按实际意义进行翻译。例如：

V-engine 内燃机

A-Toad 主干公路

T-group 训练小组

H-bomb 氢弹

W-day 大规模进攻开始日

H-test 氢弹试验

U-boat 潜水艇

V-Day 第二次世界大战胜利日

5. 反译

由于英汉两种语言表达否定意义时在形式上存在着差异，因此翻译时就有必要采用反译法，反译就是指将原文的肯定形式译成否定形式或者把否定形式译成肯定形式，其目的是在保持原文内容不变的情况下，使译文的表述尽量符合译入语读者的思维习惯。反译法包括以下两种形式：

（1）正话反说

正话反说就是把肯定形式译成否定形式。英汉两种语言由于思维方式之间存在差异,英语中由肯定形式表达的句子在汉语中有时找不到与之对应的表达形式。此时,在翻译时就要将其转换成否定形式,使之符合汉语的表达习惯。例如:

We had no sooner got home than it began to rain.

I was more annoyed rather than worried.

我与其说是着急,不如说是恼火。

我们刚到家就开始下雨了。

The value of loss is so small that we can overlook it.

损耗值很小,我们可以忽略不计。

（2）反话正说

反话正说就是把否定形式译成肯定形式。英语中有些否定形式在翻译成汉语时找不到与之对应的表达形式,只有在把它转换成肯定形式后才符合汉语的思维习惯。例如:

You will never fail to be moved by the romance of the love story.

你一定会被那浪漫的爱情故事所感动。

Sunlight is no less necessary than fresh air to a healthy condition of body.

阳光和新鲜空气一样对身体的健康是必要的。

6. 分译

英语的句法特征是形合,因此长句较多汉语的句法特征是意合,短句较多。因此,英译汉时常使用分译法,把原文中的一个句子译成两个或两个以上的句子。分译法主要包括词语的分译、短语的分译和句子的分译。

（1）词语的分译

词语的分译是指把原文中的一个单词译成句子,使原文中的一个句子分译成几个汉语短句。例如:

They were understandably reluctant to join the battle.

他们不愿意参战,这是可以理解的。（understandably 译为单句"这是可以理解的"）

They, not surprisingly, did not respond at all.

他们根本没有答复,这是不足为奇的。（not surprisingly 译为单句"不足为奇的"）

That region was the most identifiable trouble spot.

那个地区是个多事之地，这是显而易见的。（identifiable 译为单句"这是显而易见的"）

（2）短语的分译

短语分译是把原文中的一个短语译成句子，使原文的一个句子分译为两个或两个以上的句子。例如：

I wrote three books in the first two years, a record never touched before.

我头两年写了三本书，打破了以往的纪录。（a record never touched before 译为单句"打破了以往的纪录"）

They were at home in the home of the people, moving confidently without fear.

他们在群众家里感到很自在，活动时一点也不拘束。（moving confidently without fear 译为单句"活动时一点也不拘束"）

（3）句子的分译

英语中有大量的复合句，译成汉语时有时需要把原文中的一个句子拆开，译成两个或两个以上的汉语句子。例如：

It's an illusion that youth is happy.

认为青春是快乐的，这是一种错觉。

A fortune cannot purchase those elements of character which make companionship a blessing.

人性中有一些品质会让友谊变成一种幸福的事，而金钱买不到这种品质。

Sometimes Mrs.Green would be walking around in the kitchen watching him eat.

有时，格林太太会一面在厨房里踱来踱去，一面看他吃饭。

She had made several attempts to help them find other rental quarters without success.

她已试了好几次，要帮他们另找一所出租的房子，结果并未成功。

二、英语翻译教学实践

（一）"小组合作"翻译教学实践

教学任务：使学生了解新闻的语言特征，并通过语言特征分析英语新闻标题的翻译，再通过此类训练，使学生胜任一般性英语新闻标题翻译工作，并在翻译

97

的过程中有效地获取英文资讯，增长见闻，熟悉英语语言文化。

教学形式：小组、个人、师生互动。

教学流程：

（1）翻译教学进入正题之前，教师首先提出为什么要学习英语新闻标题翻译的问题，并要求学生进行讨论，最后教师进行总结归纳。

（2）展示、分析新闻标题的语言特点。教师首先用幻灯片展示几组新闻标题和一般英文表述的对比。让学生分组讨论，并指出二者之间的区别。在此期间，教师可对学生的讨论、发言进行点评和总结，并根据以上分析，进一步探讨英语新闻标题的特点，以及在时态、语态等方面和一般英文的差异。

通过观察对比，可做出如下总结：

①英语报刊的新闻标题多采用现在时态，一般不用过去时态、过去完成时等时态，以使读者阅读时有置身其中的感觉。这种存在于新闻中的现在时被称为"新闻现在时"。

②英语新闻标题一般言简意赅、传神达意、时效性强。

③英语新闻标题中的动词常用一般现在时、现在进行时和将来时。

④英语新闻标题中常省略系动词等。

（3）分析总结完英语新闻标题的语言特点以后，教师可结合例子讲解其翻译技巧或注意事项。例如：

Comeback gives China a sensational Thomas Cup win.

中国队反败为胜荣获汤姆斯杯。

（4）举例讲解完成后，为了巩固学生的认识，教师可更深一步地讲解上述三种时态在新闻英语中的体现以及翻译，并再次举例讲解，以加深印象。

（5）时态讲解完毕后进入语态讲解。英语新闻标题中的动词表示被动语态时，被动语态结构"be+过去分词+by"中的 be 和 by 经常被省略，只剩下过去分词在标题中直接表示被动意义。例如：

Van Goghs recovered after theft.

凡高名画窃而复得。

需要指出的是，英语新闻标题只有在事件或动作的接受者比执行者更加重要时才会使用被动语态，以强调宾语，引起读者注意。

（6）语态讲解完毕后，教师可组织学生分组讨论英语新闻标题中的省略现象。首先，教师可通过 PPT 给学生提供一组中文新闻题目，让学生进行讨论和翻译，同时要求每个小组派一名代表陈述标题中的省略现象：冠词省略、系动词省略、助动词省略、连词省略、人称关系代词省略、语法引导词的省略等。

（7）省略现象讲解完毕后，新闻标题翻译教学进入最后一个环节——探讨标题翻译中缩写词的使用情况。首先，教师可将几个词的首字母加在一起合成一字，并全部用大写字母书写，代替一组冗长复杂的词或词组。缩写词的使用既可节省版面标题词数，又能更好地提示新闻内容，简洁易记，同时减少版面编排的沉闷之感。教师展示完毕后，可要求拿出一些身边常见的缩写语，并讨论英语新闻标题翻译中经常出现的三类缩写词。

①职业、职务或职称的缩略词翻译，如议员（MP）。

②组织机构等专有名称的缩略词翻译，如全国政协（CPPCC）和巴解组织（PLO）。

③常见事物名称的缩略词翻译。

最后，教师可要求学生课后收集每个类别的中英文缩写词，并在下一课堂课上选取部分同学的作业进行展示。

分析：该实践中的翻译教学活动以英语语言特点为切入点，探讨了英语新闻标语的翻译。整个教学活动中，学生带着任务去做一些资料的收集工作，并在小组内进行交流和讨论，学生在完成任务的过程中学习到了新的知识；教师在讲解、指导的同时，鼓励学生运用语言知识分析具体问题，探究、合作与交流的课堂氛围，增进了学生和教师之间的沟通交流，有效锻炼了学生的思考能力和翻译能力。

（二）"合作探究"翻译教学实践

教学任务：城市标识语翻译问题分析及对策讨论。

教学目的：通过城市问题标识语的收集、展示、讨论、分析，探究统一、规范的标识语翻译，从而提高学生标识语翻译的能力。

教学形式：小组互动、师生互动。

教学流程：

（1）提前一周通知学生要上此课，让学生通过小组活动走上街头，拍摄有问题的英文标识语。

（2）做好充足的课前准备以后，教师可安排学生在课堂上展示拍摄回来的具有明显错误的标识语，并指出问题所在，让学生积极参与到"找茬儿"活动中。

（3）根据发现的问题，教师将学生分成若干小组，并组织学生对问题标识语的分类进行讨论，然后小组代表汇报小组讨论情况。

（4）学生报告完毕后，教师可结合自己的研究和学生的陈述，总结出问题标识语的几种错误现象，如英文标识不规范、译写错误、中式英语等，并进行举例说明。

①译写错误

体育会展中心 -THE P.E.DEMONSTRATION CENTER，PHYSICAL CULTURE EXHIBIT CENTER.The Exhition Center about P.E.

市政府 -GOVERNMENT CITY，CIVIC GOVERNMENT

的士停靠点 -PARKING POT

吸烟室 -MOKING ROOM

绣湖广场 -XIU HU FORUM，THE SQUARE CITY PEOPLE

禁止驶入 -NO DRIVE

小心地滑 - SLIPPY

②中式英语

线内停车 -PARKINC WITHIN LINE

即停即下 -STEP BEFORE STOP DOWN

即上即走 -LEAVE AFTER STEP IN

凭地下泊位证进 A-PLEASE SHOW YOUR UNDERCROUIVD PARKING PERMIT TO ENTER

小心落水 -Carefully Falls in the Water，Take Care to Falling Water.Please mind falling water

游客止步 -Tourist Stops，Tourist Stopping，The Visitor halts，Visitor not Admitted

③不规范英语

义乌国际商贸城 -Yiwu international Trade Mart.Yiwu Int.Business City，Yiwu International Trade Cicv

中国小商品城 -The Small Commodity City of China，China Small Commodity City，The Commodity City/ Market of China，China Commodity Town

针织市场 -Knitting/Knitwear Market

世纪商城 -Century Shopping Center，Century Mall/Mart

这些翻译都很不规范，很容易让外国友人认为上述翻译版本表示的是不同的地方。

（5）根据上述三种问题，教师可组织学生分组讨论、分析其产生的原因，并提出修改意见。

（6）学生阐述完毕后，教师可使用直译、意译、释义、综合法等翻译方法，提出问题标识语的正确译法，以供学生参考。

①存在译写错误的标识语翻译可做出如下修改：

体育会展中心：Sports & Exhibition Center

市政府：Municipal Government

的士停靠点：Taxi stand

吸烟室：Smoking Room

绣湖广场：Xiuhu Square

禁止驶入：No Entry

小心地滑：Slippery 或 Caution

②中式英语，如标识上的"线内停车""即停即下""即上即走"等，由于其表达不够地道，往往使外国读者看了之后不知所云。在翻译这类标识语时，首先必须弄清楚其实际含义；"即停即下"和"即上即走"是提醒出租车司机及乘客不要在出租车停靠点过多停留，以免影响交通。由于出租车驾驶员是中国人，所以如此表达汉语标识语能够为中国人所理解，但如果逐字逐句将此标识语翻译成英文，则会造成外国读者的不解。对此，最好的译文是分两行写上 TAXI ZONE/SHORE TIME PARKING ONLY，这样，要搭乘出租车的外国友人就能完全明白了。"凭地下泊位证进入"这一标识语的翻译最好使用 Entry with Parking Permit Only。"小心落水""游客止步"则最好使用"Danger: Deep Water"和"Staff only"。

③存在翻译不规范问题的标识语翻译可做出以下修改：

义乌国际商贸城：Yiwu International Trade Mart

中国小商品城：China Commodity City

针织市场：Knitting Market

世纪商城：Century Shopping Center

如此一来，整个城市相关场所的英文标识语就达到了统一，更加体现了该城市的国际化程度、文明程度。

（7）最后，为了切实提高街头标识语的翻译水平，教师可组织学生就如何向有关部门提出改进建议和解决措施这一问题进行小组讨论，最后教师做出如下归纳总结：

①加强规范研究。建议有关部门组织专员对室内英文标识进行系统化、规范化的研究，有利于明确英文标识的翻译标准。除此之外，还可以参照国外城市标识有关法规、原则等，制定本市的英文标识使用规范，从而引导英文标识语的正确使用和翻译。

②建立纠错体系。建议有关部门成立专门机构对室内标识语进行规范，包括对英文进行表示监督、审查，一旦发现错误可要求对方在一定时间内进行更正。另外，还可设立译文权威审定机构，译文确定后方可使用。

③强化舆论监督。建议有关部门可以通过设立网站、邮箱、监督等方式发动广大懂英语的市民及外国友人对英文标识语进行监督，共同建设良好的国际化语言环境。

④开发校本课程。学校是培养翻译人才的重要场所，要想规范标识语的英文翻译首先要从在校学生抓起。对此，学院可以把标识语的英文翻译问题列入商务英语、旅游英语和会展英语等教学中，积极开发校本课程，并在课堂上讲授标识翻译的原则和技巧。另外，组织学生开展标识语纠错的实践活动也不失为一个行之有效的方法。学生可以在实践中发现标识语翻译中出现的问题，从而避免自己犯同样的错误。

将纠正标识语作为翻译教学的一个手段引入到课堂上，是一件很有意义的事情。因为一个城市的英文标识语是否正确、规范，一定程度上反映了该城市的文明程度。正确、规范的英文标识语不仅能够体现城市的文化内涵和特色，同时也可以让外国朋友更好地认识和了解该城市。随着国际化进程的加快，英文标识语显得越来越重要。英文标识往往给外商带来很多方便，但不规范的英文标识语却也给他们带来了困惑，造成交流的障碍。

分析：本翻译教学实践围绕"课堂讲授现场化、能力培养项目化、翻译资源本土化"的课程目标，让学生走向市场，在实践中获得翻译动力；注重培养学生的合作探究精神；注重课堂教学和地方经济发展的翻译人才培养的结合；提出了标识语翻译规范化的建议，对国内众多城市的国际化建设具有现实意义。

第二节　专门用途英语（ESP）翻译教学

专门用途英语（English for Specific Purposes，简称 ESP）出现于 20 世纪 60 年代末。当时，经济、科技的发展，对英语学习的需求日益多样化，语言学领域和教学心理学也迅速发展，专门用途英语便应运而生。所谓专门用途英语，是指与某种职业、某种学科、某种目的相关的英语，与学习者的兴趣和学习目的密切相关。随着我国经济的迅猛发展和国际地位的日益提升，社会上对英语人才的需求日益增多，对英语毕业生应用语言能力的需求也日益多样化，这也促使大学英语教学不再局限于基础语言技能的培养，而是在基础技能培养的基础上加大了各种专业知识的渗透。也就是说，专门用途英语教学已经成为大学英语教育不可忽视的一个方面，法律英语、商务英语、旅游英语等专门用途英语课程已成为很多大学英语课程表上不可或缺的一部分。

　　作为一种重要的语言应用技能，翻译一直是大学英语专业高年级学生一门必修的课程，翻译实践也是英语专业学生毕业走上工作岗位后经常运用的语言技能。由于这些毕业生选择的职业和工作领域不尽相同，所以对他们进行各种内容和文体的翻译训练也应该成为翻译课的主要教学内容之一。另外，其他专业的学生走上工作岗位后也会从事一些有关其专业领域的翻译，所以针对这些专业的学生开设专业对口的翻译课也是必需的，是时代发展的迫切要求。这样的翻译教学理应属于 ESP 翻译教学。不少学校已经开设或正要开设 ESP 翻译课程（比如，北京外国语大学国际商学院学生在三年级的第一学期学习普通翻译，第二学期则学习商务翻译），市场上也出现了很多有关法律翻译、商务翻译、旅游翻译的教材和著作，但有关 ESP 翻译教学的研究尚处于初始阶段。本节拟从 ESP 翻译教学与普通翻译教学的关系、ESP 翻译教学原则、教学内容、教师素质等几个重要方面对 ESP 翻译教学做一些初步探讨，以期对 ESP 翻译教学实践提供一定的指导，对教学的进一步研究发挥抛砖引玉之作用。

一、ESP 翻译教学与普通翻译教学的关系

　　教育部高等院校英语专业教学大纲（1999）对翻译这门课程八级水平的要求是：能运用翻译的理论和技巧，将英美报刊上的文章以及文学作品原著译成汉语，或将我国报纸、杂志上的文章和一般文学作品译成英语，速度为每小时250 ~ 300 个英文单词。译文要求忠实原意、语言流畅。当然，达到这一程度的前提是"了解翻译基础理论和英、汉两种语言的异同，并掌握常用的翻译技巧"。这可以说是英语专业普通翻译的教学要求。也就是说，普通翻译教学要求学习者在掌握一定的翻译理论和英汉对比知识的基础上，掌握常用的翻译技巧，利用这些技巧翻译报纸或杂志上的文章和文学作品。教学大纲同时还指出，随着社会主义市场经济的发展，我国除了需要外国语言文学学科领域的研究人员和教学人员外，还需要大量的外语与其他有关学科（如外交、经贸、新闻、法律）结合的复合型外语人才。由此可见，翻译课的教学不应该只停留在上述报纸、杂志文章和一般文学作品的翻译上，还应该将其他学科的知识和文体纳入翻译教学，即在翻

译教学中针对不同学习者的需求分别加入商务、法律、科技、新闻、外交等文体知识和文体翻译，这便是 ESP 翻译教学的内容。

当然，正如基础英语教学是 ESP 教学的必备条件一样，普通翻译是 ESP 翻译教学的基础阶段，是 ESP 翻译教学的必备条件，而 ESP 翻译又是普通翻译的深入和拓展，是社会和时代发展的需要。如果没有普通翻译教学中英汉对比和翻译技巧做基础，学习者在 ESP 翻译阶段势必会感到语言操作上比较吃力。试想如果没有掌握对等词的选择、增译、省译、词性转化、长句的处理等翻译技巧，学习者在处理具体篇章时该如何保证译文的忠实与通顺？所以，ESP 翻译教学必须在普通翻译教学的基础上进行，即进行 ESP 翻译教学前必须进行普通翻译教学，其目的在于使学习者的翻译水平达到全国教学大纲的要求，同时为进一步翻译打下良好的语言基础；第二学期的教学内容与学习者的专业相联系，所以定为商务文体翻译教学，主要讲授各种商务文体的有关知识（包括文体功能、文体特点）及相应的翻译策略和翻译原则，其目的在于使翻译教学与学习者本身所学的商务课程相关联，考虑到学习者未来工作的需求，为学习者毕业后从事商务翻译打下坚实的基础，这正如哈金森（Hutchinson）和沃特斯（Waters）所言："所有的课程都应该以某种设想的需求为基础。"而商务翻译教学阶段又离不开普通翻译教学阶段，因为学习者只有在掌握英汉差别的知识和基于这些英汉差别的技巧以后才能从事商务文体翻译。

总而言之，普通翻译教学是 ESP 翻译的基础和必经阶段，是对英语专业学生的必然要求，ESP 翻译教学又是普通翻译教学的必然发展趋势，是普通翻译教学的延伸，是经济发展和时代进步的必然结果和必然要求。同时，在 ESP 翻译教学中还能有效地巩固普通翻译教学阶段教授的翻译技巧。

二、翻译教学的原则

任何教学都离不开一定的教学原则做指导，否则教学实践就显得无章可循。关于 ESP 翻译教学的原则，可以归纳为以下几个方面：

首先是在教学中做到专业需求分析和学习者的需求分析相结合。所谓专业需求就是不同行业对翻译的需求，譬如法律行业、商务行业、管理行业等对翻译的需求如何，需要何种翻译人才，对翻译人才能力的预期是什么等。所谓学习者的需求则是不同专业的学习者对翻译的需求，譬如法律专业、外交专业、国际政治专业、商务专业、管理专业的学习者等对翻译的需求如何，这些学习者以后想从事何种工作，需要哪一领域的翻译技能等。对于需求分析（needs analysis），哈金森和沃特斯认为，既要弄清形势要求所决定的必要性，还需要弄清学习者已经学到了什么，没有学到什么，同时还要搞清楚学习者本身需要什么。因此，需求分析是一个综合的分析。作为ESP课程中的高级应用技能课，翻译课更要注重这些需求分析，关注社会上各专业领域最需要何种翻译人才，关注学习者已经学会专业领域的哪些知识，没有掌握哪些知识，他们最需要的ESP翻译技能是什么。这样才能将社会需求、学习者学过的专业知识和翻译课要教授的重点有机地结合起来。比如，法律英语翻译课在开课之前，就要搞清楚法律界最缺乏哪种翻译人才，学习者是否还需要在翻译课上进一步掌握一些法律术语和文体知识，然后教师就可以有的放矢地进行课程设计和教学实践，使得翻译技巧与专业知识和专业文体知识有机地结合起来，提高学习者的法律翻译水平。

其次是重视学习者的自主学习，以学习者为中心。联合国教科文组织1998年的世界高等教育大会宣言指出，在当今日新月异的世界，高等教育显然需要以学生为中心的新视角和新模式。众所周知，任何学习都是一个动态过程，是学习者在教师的指导下综合运用各种学习方法掌握所学知识和技能的过程。翻译本身就是一门实践性很强的课程，更需要学生的积极参与。由于ESP翻译的目的就在于使学习者走向工作岗位后能熟练地翻译有关的实用文体，所以翻译教学以学习者为中心是极为重要的原则。具体来说，可以让学习者查阅有关的文体常识、熟记相关专业的常用术语、完成相应的篇章翻译实践、讨论译文的好坏等。通过以学习者为中心，可以调动他们自主学习、创新学习的积极性，同时巩固学习者的ESP翻译能力，真正实现ESP翻译教学的目的。

最后则是教学内容具有针对性和时效性。"真实性（authenticity）是ESP教学的灵魂。"由于ESP翻译是针对某一专业或某一目的而开设的，是为经济社会的发展培养翻译人才，所以ESP翻译教学的内容必须具有一定的针对性和实效性，针对性即针对某一专业或某一目的的需要；实效性即紧跟时代特点，保持教学材料和内容的与时俱进。具体来说，针对法律英语专业学习者的翻译教学内容应更多地涉及法律内容和法律题材，针对商务英语专业学习者的翻译教学内容应更多地涉及商务文体，针对科技英语专业学习者的翻译教学内容应更多地涉及科技题材。同时由于这些材料随着专业的发展和时代的发展而变化，所以要选取紧跟时代的一些文本作为练习的材料，还要注意各种文体是否随着时间的推移而发生变化。因此，教师在选择教学材料时应该注意以上两点，所以大多数情况下需要教师自己收集很多的当时当下有针对性的材料，如教师的翻译实践材料、最新期刊文章等，而不是拘泥于一本教材，以保证教学的针对性和时效性。

三、ESP 翻译教学的内容

ESP 翻译教学首先是翻译教学，所以 ESP 翻译教学应该包括上述普通翻译教学的内容，同时由于 ESP 是专业方向比较明确的教学，所以应该具备自己独特的内容。具体来说，ESP 翻译教学的内容可包括以下内容：

一般翻译技巧。一般翻译技巧是任何翻译课都必须涵盖的内容，主要是根据英汉对比总结归纳出翻译技巧，譬如选词、增译和省译、词性转译、语态转译、长句翻译、正反转化等，使学习者在自己的翻译实践中更好地运用这些技巧。关于这一内容，在讲授过程中，教师可以适当选取相关领域（如法律、商务、科技等）的句子，将翻译技巧融入专门领域当中，既可以帮助学习者掌握一般的翻译技巧，又可以增加学习者的专业知识，可谓一举两得。比如，在讲解词性转化这一技巧时，如果联系商务文体，可以加入商务语篇的例子：

（1）The arrival of non-French companies in France and the loss of considerable market share to foreign companies that do provide superior service is the major reason for this turnaround in opinion.（一些外国公司进入法国，相当一部分市场份额流失到一些确实能提供优质服务的外国公司，成为这种观念转变的主要原因。）

（2）Reliability，security and customer proximity is included in the philosophy of PostBus Switzerland.（瑞士邮政巴士旅游局的经营理念是安全可靠、亲近顾客。）

（3）It is a body for the representation and promotion of the sector's interest in the economic，commercial and technological field.（公司代表并促进该部门在经济、商业和技术等领域的利益。）

（4）Any failure or delay in the performance by either party hereto of its obligations under this Agreement shall not constitute a breach hereof or give rise to any claims for damages if and to the extent that it is caused by occurrence beyond the control of the party affected.（若因不可抗力使得本协议任何一方不能履行本协议规定的义务或需要延期履行本协议规定的义务，则不构成违约，亦不引起任何损失索赔。）

（5）多年来，美国对华采取歧视性出口管制政策，限制了美国对华出口，使美国公司失去进入中国市场的许多机会。（For years，the discriminatory export control by the United States has limited its export to China and thus some American companies have lost many opportunities to access to the Chinese market.）

（6）合营企业如发生严重亏损、一方不履行合同和章程规定的义务、不可抗力等，经合营各方协商同意，报请审查批准机关批准，并向国家工商管理部门登记，可终止合同。（In the event of heavy losses of the joint venture, failure of a party to perform its obligations under the contract and the articles of association. Or force majeure, the contract can be terminated upon the agreement between the parties, the approval by the examining and approving authorities and the registration with the competent industrial and commercial authorities.）

相应的文体知识和翻译策略。由于 ESP 翻译的专业性较强，而且学习者走出校门一般都要从事与其专业相关的篇章翻译，所以相关领域的文体知识显得非常重要。所谓文体知识，就是指相关文体的不同功能、写作格式、用词特点、句式特点、语法特点等。譬如，商务合同的功能主要在于提供信息，其写作格式比较正式，用词严谨、庄重、规范，句式比较复杂，多使用情态动词 shall 表示义务等。只有把握了这些文体特点，尤其是比较中英两种语言在这些文体知识方面存在的一些差别，才能够根据这些差别总结出一定的翻译策略，从而使这些翻译策略成为规律性的东西，在以后的翻译实践中加以应用。而且，掌握了相关的文体知识和文体特点还有助于学习者以后在工作中能够独立用英语或汉语起草相应的篇章。所以，文体知识对提高翻译学习者的综合技能有着非常重要的作用。

相应文体的翻译原则归纳。除一般翻译技巧和相关文体特点以及翻译策略外，ESP 翻译教学还应总结相关文体的翻译原则。翻译原则对翻译策略来说更为宏观，也就是要让学习者认识到，除通用的"忠实、通顺"这一翻译标准外，由于不同领域的文体具有不同的特点和功能，所以翻译的原则应该根据其相应的文体特点和功能具体化，从而更好地指导自己的翻译实践，而且翻译完成后还要根据这些原则对译文进行检查和修正，以取得良好的翻译效果。譬如，商务广告语的翻译要遵循"简洁而富创意、通俗中透着美感、受众文化认同"等原则，商务信函的翻译则要做到"把握格式、用词恰当、句法规范、注意细节、语气贴切"。

简言之，一般翻译技巧是做好 ESP 翻译的基础，相关的文体知识和翻译策略是 ESP 翻译的内核，而相应文体的翻译原则是 ESP 翻译的指导纲领，这三者缺一不可，可以视为 ESP 翻译教学的主要内容。

四、ESP 翻译教师的素质

我国目前的一些 ESP 教师主要由两类组成，一类是在英语语言文学专业毕业的、在外语系从事普通英语（General English）教学的英语教师，另一类是英语专业以外其他专业毕业的、具有较高英语水平的教师。前一类教师具有扎实的语言基础知识和丰富的语言教学经验，但往往对所教授对象的专业领域缺乏足够的了解，在教学中往往偏重语言分析；后一类可谓某一专业的行家，又缺乏语言的系统训练，在教学中往往侧重于专业术语和专业知识。那么 ESP 教师应该集这两类教师之所长，既能帮助学习者掌握语言知识，提高其语言技能，又能准确地教授专业知识和专业内容。那么，ESP 翻译教师到底应该是什么样的教师呢？针对这个问题，高战荣指出，ESP 教师首先是语言教师，应该具备外语教师的语言教学素质；其次是专业教师，应该具备专业课教师的专业知识素质，两者相结合才会造就出 ESP 教师，才能胜任 ESP 的教学任务。因此，作为 ESP 教师，最基本的要求就是具有良好的英语语言能力，较强的教学能力和必备的相关专业知识。

那么，ESP 翻译教学作为翻译教学的一个分支，其教师的素质也非常重要。具体来说，我们认为 ESP 翻译教师应该具备以下素质：

首先是扎实的语言基本功和翻译基本功。ESP 翻译教师应该首先定位为语言教师，因为翻译毕竟是两种语言之间的转换，对两种语言的熟练程度要求很高，尤其是对外语的要求很高。这一点和 ESP 内容课不同，因为内容课更注重专业知识的传授而非技能的传授。除语言基本功外，ESP 翻译教师要求有很强的翻译基本功，对翻译策略，英汉两种语言之间的差别等了熟于心，这样才能引导学习者掌握英汉互译技巧从而正确地进行翻译操作。

其次是了解相关领域的知识、发展动态以及不同应用文体的特点。由于 ESP 翻译会涉及一定的专业领域，所以，ESP 翻译教师应该是一个善于读书、了解各方面动态的人，这样在引导学习者进行翻译实践时不至于误导学习者在相关专业方面的用词和表述方法。比如，从事商务文体翻译教学的教师应该熟悉有关的商务领域知识，如国际贸易、金融、会计、管理、人力资源、经济学等方面的知识和常用表达手段，同时要勤于看报了解各种商务领域的发展动态；从事法律翻译教学的教师应该对各种法律文书和法律常用语以及相关法律程序有一定的了解。当然，不论是商务文体翻译教师还是法律翻译教师还应该熟悉各种商务文体或法律文体本身的写作特点，包括用词、句法、风格等，从而在教学过程中能引导翻译学习者用正确的表述方法再现原文的内容、风格等。

拥有一定的专门领域翻译实践经验。翻译教师一般都需要拥有一定的翻译实践经验，因为翻译是一门实践性很强的课程，如果教师没有一定的"实战"经验，那么他/她的教学就会流于纸上谈兵，遇到实质性问题也会束手无策。ESP 翻译教师更是如此，因为无论是科技领域、商务领域还是法律领域，其内容都随着社会的发展而发展，其文体也随着时间的推移而发生变化，所以如果教师不从事一定的翻译实践，势必会跟不上时代，那么在翻译教学中的选词、文体风格方面就会产生一定的"落伍"问题。同时，进行翻译实践也可以促进教师对翻译规律进行总结归纳，更好地将这些规律用于教学实践，而且教师还可以将自己的实践材料用于课程教学，从而保证课堂教学与社会实践之间的"接轨"。比如，教师如果从事过商务合同的翻译，就可以将原文作为教学材料，这还有助于保证材料的时效性。

具备独立的 ESP 翻译研究能力。翻译虽然是一门实践性很强的课程，但是离不开理论指导，更离不开理论研究。正如哈蒂姆（Hatim）所指出的，理论和实践最终是互补的，尤其是在像翻译这样的领域。关于翻译教师的理论素质，吴启金指出，从事翻译教学的人一方面要做好工作，另一方面要做些研究工作，要注意用新思维、新方法、新观点潜移默化地熏陶学生，使他们既打好基础，又拓宽思路，增进理解，走上工作岗位时具有创新能力和独到见解。这里论述的虽然是翻译教师应该具备的素质之一，实际上同样适用于 ESP 翻译教师。翻译教师必须善于从事翻译研究、翻译教学研究，既要熟悉国内的翻译理论，又要掌握国内外的教学法和 ESP 的研究动向，并根据自己的翻译实践和翻译教学经验总结一定的翻译规律，考察普通翻译和 ESP 翻译的联系和区别，然后将这些理论研究应用于自己的翻译实践和教学实践，更好地指导翻译教学，同时又可以在翻译教学中升华前面所述的理论。正如余光中所指出的，翻译专业的教师要兼有"眼高"和"手高"，前者包括学问、见解、理论，也就是说翻译教师应具有"学者之长"，后者则指能自己出手翻译，甚至拿出译绩。因此，ESP 翻译教师应该做到将 ESP 翻译理论和教学理论与翻译实践和教学实践相结合。

综上所述，作为一种高级技能课，ESP 翻译教学与普通翻译教学关系密切，后者是前者的基础，前者是后者的发展和拓展。但是在教学原则、教学内容以及师资素质上，ESP 翻译教学又有着自己的特别之处，可以说在普通翻译的基础上有了更高的要求，添加了专业内容的成分。由于篇幅有限，本部分只对以上比较宏观的几个重要问题进行了初步探讨和梳理。ESP 翻译教学研究是一个较新的领域，还有很多问题值得探讨，相信会有越来越多的同人加入 ESP 翻译教学研究这一行列中来。

第三节　翻译教学中的人文通识教育

一、人文通识教育概述

"通识教育"就是对大学生进行全方面的教育，使得受教育者成为既有人格，又有学问的"全人"而不仅仅是一个"专业"人才。所谓"人文通识教育"则是在教育中加入"人文知识"的课程，是"以文史哲教育为核心的基础教育"，旨在培养大学生的批判性思维和创新能力，更重要的是使大学生成为身心健康、知识渊博、德才兼备的真正人才。换言之，"通识教育"就是对所有的大学学习者进行普遍的基础性学科教育，包括语言、文化、文学、历史、科学知识的传授，个性品质和公民意识的训练等不直接服务于专业教育的人所共需的一些实际能力的培养。通识教育有几个特征：首先通识教育是相对于专业教育而言的，他为学习者学习专业教育打下宽泛的基础，给予学习者学习方法和思维方式的训练，使学习者具有自我学习和自我提高的能力；其次通识教育的另一个主要功能，是它致力于人格的完善、促进个人发展，并使个人达到和谐发展。

通识教育在中西方均有悠久的历史，古希腊的亚里士多德、中国春秋时代的孔子都提倡教育内容的多元化。公元前 5 世纪和 4 世纪雅典的教育包含 7 门学科：语法、修辞、逻辑（论辩）、算术、几何、天文、音乐。到文艺复兴时期，为反对宗教和封建势力对教育的支配，通识教育进一步兴起。意大利学者弗吉里奥（P.P.Vergerio，1349—1420）在率先阐述人文主义教育的同时，主张施行"博雅教育"（liberal education），提倡包括人文学科和自然知识等多方面的教学内容，使受教育者兼获德性与智慧，以唤起和发展人的多种才能。特别是近代以后的西方大学受到市场的驱使，越来越注重专业化。随着时间的流逝，西方一些思想家看到了注重专业的教育给人的全面发展带来的不利影响，卢梭、康德、洪堡等人开始意识到人文主义教育的重要性。例如，在 19 世纪，德国教育家洪堡（W.von Humboldt，1767—1835）按照新人文主义精神，对德国教育进行了卓有成效的改革，提倡学术自由。20 世纪，美国的一些著名大学明确推行现代"通识教育"（generaleducation）。例如，20 世纪 30 年代，美国芝加哥大学校长赫钦斯

（R.M.Hutchins）秉承英国教育家纽曼（J.H.Newman，1801—1890）关于大学教育旨在提高社会的知识氛围，培养国民的公心和净化国民的情趣、提高人际交流的质量等的自由教育思想，他捍卫学术自由，对当时盛行美国的实用主义提出批评，反对大学过分专业化。从此，"通识教育"成为西方大学教育的重要理念。"二战"时期担任哈佛大学校长的科南特（J.B.Connant，1893—1978）认为美国的高等教育过于务实，应该在理论探索方面花些功夫。于是科南特任命了一个委员会，专门研究通识教育的目标。1945年，该委员会发表了关于通识教育的报告书。该报告书提出，通识教育的目标是：有效的思考（to think effectively）、思想的沟通（to communicate thought）、恰当的判断（to make relevant judgment）、分辨各种价值（discriminate among values）。该报告书还建议，人文学科应开设文学名著、外国文学、哲学、美术、音乐等课程，社会学科应开设西方思想与制度、美国民主政治、人际关系等课程，科学课程应有科学概论、数学、物理原理、生物原理等课程。这样的通识教育致力于培养"全人"（the whole man），即善良的人（good man）、善良的公民（good citizen）和有用的人（useful man）。由此一来，大学的培养目标就从单一的、片面的培养目标转向完整的、全面的培养目标，从相互脱节和对立的教育体制转向完整的、统一的教育体制，从割裂的、残缺的知识转向广泛的、全面的教育内容。

中国古代儒家要求学生掌握礼、乐、射、御、书、数六种基本技能，"说明早期的大学教育具有我们今天所提倡的通识教育的性质"。因为这六种技能涵盖了我们今天所说的"德、智、体、美"或"文科"与"理科"的宽泛内容。儒家经典《礼记·学记》中写道："知类通达、强立而不反，谓之大成。"《中庸》中的"博学之，审问之，慎思之，明辨之，笃行之"，显然彰显出人才培养中人格与学问相互渗透的特点，在人格上要知行合一，学思不离，在学问上要博学贯通。明清之际的黄宗羲、顾炎武等人批评科举制度，主张"博学于文""行己有耻"。清代，梁启超为京师大学堂草拟的第一个办学章程中便有"中西并用，观其会通，无得偏废"的规定；1902年，张百熙主持拟定的《钦定京师大学堂章程》中进一步规定："端正趋向，造就通才，为全学之纲领。"自中国大学教育诞生以来，更多具有远见卓识的教育家就看到了"全才教育"的重要性，如蔡元培先生等，可是到了中华人民共和国成立之后的20世纪50年代，随着全国高等院校进行大规模的院系调整，将众多的综合性大学改为理工科大学，明显重理工轻文科。尤其是后来随着大量的行政化和社会上越发浓烈的商业气息，中国大学的专业化越来越明显。有鉴于此，不少专业学者开始反思"人文通识教育"的重要性。

于是自 20 世纪 90 年代起，开始了人文通识教育的大讨论，特别是进入 21 世纪以来，不少专家学者在大学开展"通识教育"方面基本达成了共识。

21 世纪，大学的通识教育之所以再一次成为教育者的共识，就是因为通识教育首先可以提高学习者素质，完善学习者的人格，陶冶学习者的情操，拓宽学习者的知识面和视野，树立学习者的人文精神，从而使得学习者更好地适应社会，更好地为社会服务，有利于整个国家和社会的进步。跟随这一潮流，中国有不少从事教育研究或外语教学研究的学者也开始呼吁在外语专业教学中重视人文通识教育。外语学者长期以来尤其注重学习者外语技能的培养，却忽视了学习者的人文素质教育，使得外语毕业生"知识少、视野窄、看问题缺乏立场和深度，往往把自己定位为一种翻译或传声的装置翻译"。更有甚者，外语学习者更注重去了解外语文化而忽略甚至不愿了解母语文化，出现了文化"失语"现象。有鉴于此，陆全提出在教学中运用对比法、翻译法和分析法等融入中国文化。由于翻译是外语专业课程设置中双语并重的课程，应如刘宓庆所说："翻译教学应最大努力适应素质教育和素质教学的要求。"因此，有必要在翻译课堂中有效纳入"人文通识教育"。正如张云和曾凡桂所指出的："英语专业本科翻译教学实际上是以基础英语教学和通识教育为基础的、以翻译实务技能训练为重点的一种高级阶段的外语教学，它融语言基础教学、知识教学和技能教学为一体，主要突出如何提高学生的综合职业翻译技能，其目的是为社会培养各领域的翻译人才。"

二、翻译教学中人文通识教育的途径

（一）中国翻译简史拓展翻译学习者的历史知识与文化视野

英语专业教学大纲没有对本科教学阶段的翻译史教学做出具体规定，但是在翻译课堂适当增加一点中国翻译简史的知识不但可以使翻译学习者了解翻译的重要性，从而激发其学习翻译的热情，更重要的是，可以扩大翻译学习者的文化史、文学史和中外交流史等方面的知识面，从而提高他们的人文素质，拓展他们的视野。

（二）翻译选材和翻译具体操作提升学生的思想道德水平、心理素质及美学素养

笔译课的目的在于使学生具备笔头翻译的基本能力。通过介绍各类文体语言的特点、汉英两种语言的对比和分析以及各种不同文体的翻译方法，使学生掌握英汉双语翻译的基本理论，掌握英汉词语、长句及各种文体的翻译技巧和英汉

互译的能力。《大纲》还指出，专业课程教学是实施全面素质教育的主要途径。专业课程教学不但要提高学生的业务素质，而且要培养他们的思想道德素质、文化素质和心理素质。由此可见，翻译实践教学不应该是机械的语言转换教学，而应该注重培养学生的思想道德素质和心理素质，同时引导他们学会领略语言文字之美。

首先，在翻译实践的选材上，翻译教师可以有意识地选取有关思想、文化以及道德等内容而语言相对简单的篇章让翻译学习者进行翻译实践，如某一思想家的介绍、爱国故事、成语典故、特定历史时期的描述、某一民间艺术现象的介绍等，甚至是中英文经典名篇中的选段。为了确切地表达出其中的文化含义，学习者在翻译前势必要认真阅读材料，而对这些材料的精读可以帮助提升他们的思想认识，培养其道德情操，有助于树立正确的价值观、人生观和艺术观。而且，就在这种阅读过程中，翻译学习者会不由地学会领略文化和经典的魅力。在具体的翻译操作过程中，为了准确地传达原文的意思，翻译学习者就会逼迫自己去查阅资料，这种查阅又会使他们了解到文化的更多知识，可以说是一种"滚雪球式"的学习过程和积累过程。

其次，在翻译的具体操作教学中带领翻译学习者去欣赏文字表达之美。在这一过程中引导学习者发现原文和目的语的语言文字美，从而提升学习者对美的认识，激发他们对文字和文化的热爱。譬如翻译下面一个片段让翻译学习者首先体会英文原文的美表现在何处：

例如：The sun did not shine clearly, but it spread through the clouds a tender, diffused light, crossed by level cloud-bars, which stretched to a great length, quite parallel.The tints in the sky were wonderful, every conceivable shade of blue-grey, which contrived to modulate into the golden brilliance in which the sun was veiled.（W.H.White: An Afternoon Walk in October）

该英文片段出自一篇散文，在学习者动笔翻译之前，应启发他们说出原文的美表现在何处。例如，在用词方面，动词有 spread、cross、stretch、contrive、modulate、golden 等，名词有 cloud-bar、length、tints、shade、brilliance 等，这些词都非常生动，形成了原文的美感；在句式结构方面使用了分词短语、同位语、定语从句等；修辞方面使用了夸张（stretch to a great length）、拟人（contrived to modulate into the golden brilliance）等手法。当然，大多数翻译学习者的译文一开始都会或多或少地拘泥于原文，他们的译文举例如下：

太阳光不是很强烈，但穿过云彩投下一束柔和、散射的光，与水平的云朵交错，这些云朵延伸得很长，十分平行。天空中的颜色太美妙了，每一种可以想象到的蓝灰色调都试图变成灿烂金黄，太阳躲在里面。

在这个译文的基础上，教师应该首先启发翻译学习者汉译文中的用词，譬如前面是"太阳光不是很强烈"，接着就是"穿过云彩投下一束柔和、散射的光"，似乎前后无法搭配。再有，"散射的光"在汉语中是否通顺，"云朵"是否会"延伸得很长"，"太阳躲在里面"如何修正更为形象，尤其是原文使用了 veil 一词。其次启发翻译学习者注意句式长短和修辞风格。在这一环节，可以让学习者进行小组讨论促使他们互相启发，给予对方灵感。在一番讨论之后，将上述译文进行修正和润色，就会得到以下译文：

阳光并不十分强烈，但穿过云层柔和地弥漫开来，与水平的条状云彩交错。条状云彩伸向远方，仿佛一条条平行线。空中的色彩美妙绝伦，每一种可以想象到的蓝灰色都竭力幻化作一片灿烂光辉给太阳蒙上了面纱。

修正后的译文符合汉语写景的用词，尤其是使用了四字成语，同时使用汉语惯用的小分句。这一切既传达了原文的意思和风格，又符合中国人的审美预期，仿佛呈献给读者一幅美丽的图画，正应了辜正坤所说的："汉字诱导中国文化具有较强的图画性，使中国人具备较强的形象感受能力。……一个汉字就等于是一幅画，就是一首诗。"译文修订成这样以后，翻译学习者对这样的译文非常满意，好像顿悟了一般：原来翻译可以这么贴切地表达原文的美！一种对母语的热爱之情定会油然而生，同时也提升了其对文字表达的信心和审美素质。

（三）译文评析培养学生的批判性思维

英语专业课程教学中要有意识地训练学生分析与综合、抽象与概括、多角度分析问题等多种思维能力以及发现问题、解决难题等创新能力。在教学中要正确处理语言技能训练和思维能力、创新能力培养的关系，两者不可偏废。在翻译教学过程中，适当分配一些时间进行译作评析和同伴批改译文，可以培养学生的分析和综合能力、发现问题和解决问题的能力，也就是培养学生的批判性思维能力，因为所谓批判性思维，就是指"个体对做什么和相信什么做出合理决策的能力"。批判性思维是大学生非常重要的能力之一，是一种不可缺少的探究工具。总之，任何学科都应该培养学习者的一定的批判性思维，使其内化为一种习惯，这也是通识教育不可或缺的一环。译文评析和同伴批改译文就是让翻译学习者对现有译文的评析，指出其译得好的方面，也挑出译得不好的方面，学会辩证地对待一篇译文。

首先是译作欣赏。译作欣赏既是一种审美体验，又能提高翻译学习者的分析能力。在这一环节要引导翻译学习者看译作在保留了原文信息的同时，是否保留了原文的文体特色、意象和意境、用词特色和倾向、叙事方式和表现手法等，又要评述译作是否属于地道的目的语，是否传达出原文的总体风格。譬如，在欣赏英国散文家培根（F.Bacon）的散文《论读书》（Of Studies）中以下片段（例3）及王佐良的译文时，要启发翻译学习者对照原文和译文后进行分析，分析原文的用词和句式特点以及行文的总体风格，然后再分析王佐良译文的用词特点和句式特点以及总体风格，学习者便会发现译文用词简洁，读起来抑扬顿挫，朗朗上口，句式结构公正对仗，且充满古色古香的意蕴。通过这样的译文赏析，翻译学习者能够学会文体分析，还可以根据这一译文完善自己的翻译，这是培养学习者批判性思维的手段之一。

例如：Some books are to be tasted, others to be swallowed, and some few to be chewed and digested; that is, some books are be read only in parts; others to be read, but not curiously; and some few to be read wholly, and with diligence and attention（F.Bacon：Of Studies）

书有可浅尝者，有可吞食者，少数则须咀嚼消化。换言之，有须读其部分者，有只须大体涉猎者，少数则须全读，读时须全神贯注，孜孜不倦。（王佐良 译）

其次是一般的译文评析或同伴批改译文。一般的译文评析或学习者互相批改翻译作业也有利于培养学生的批判性思维习惯。在这一环节可以启发翻译学习者发现译文存在的问题并解决这些问题。例如，在评价下例的译文时，启发学习者译文是否要考虑到中英文之间的不同（如中文重重复，英文重替代；中文重意合，英文重形合）、语义是否过于拘泥原文、个别地方时态是否恰当等。

又如：山桃儿不好意思总是那么问老师的，自己连一顿谢师饭也没有请老师吃过，怎么好意思向老师提出那么多问题呢？山桃儿想，等自己有朝一日请老师吃了谢师饭，那时候向老师提问题的时候就会显得那么自然、那么坦率、那么通情、那么达理。（刘云生：《蓝蓝的山桃花》）

Shantao was shy to keep asking her teacher questions because she did not invite her teacher to a meal for thanks.How could she ask her teacher more questions? Shantao thought, one day, if she treated her teacher a meal, then, she would look so natural, so frank and reasonable when she asked a question.

学习者在教师的启发下发现"山桃儿"和"老师"在译文中确实存在重复的现象。正如陈安定所指出的："回避重复是英语的一大特色，不仅在书面语言中十分突出，在口语中也相当明显。回避的范围也很广，小到单词，大至句子，凡是意义相同的或只是部分相同的词语，均在回避之列。"因此，替代是英语重要的语篇衔接手段之一。而汉语更多的则使用重复这一手段，特别是重复前文提到的人、事物和动作，如果使用替代，汉语会觉得意思不够明确，句式不够均衡，前后不够连贯。所以，在英汉互译过程中译者不可忽略英汉语的这一区别，在翻译中要灵活处理，如英语的替代手段不可能均翻译为汉语中的替代，而要根据我们这里提到的区别适当地使用重复取代原文的替代，汉译英的时候不一定都将汉语的重复直译，而是根据英汉的这一区别在英译文中使用替代。鉴于英汉两种语言的这一区别，原文中第二次出现的"山桃儿"和"老师"在汉语译文中应该用人称代词替代。第二个问题是，Shantao was shy to keep asking her teacher questions because she did not invite her teacher to a meal for thanks 和 How could she ask her teacher more questions 之间存在逻辑关系不妥的问题。第三个问题是，because she did no invite her teacher to a meal for thank 和 if she treated her teacher a meal 中时态应该改为完成时。另外，she would look so natural and reasonable to do so after she had treated him for a meal 中时态应该改为完成时。另外，she would look so natural, so frank and reasonable 属于过于拘泥原文，逻辑不清，没有传达原文的意思。在分析这些问题的过程中，学习者也找到了解决的办法，修改译文如下：

Shantao found it embarrassing to keep asking her teacher questions.She had not invited him to a meal for thanks，so how could she bother him with so many questions? She thought that it would be so natural and reasonable to do so after she had treated him for a meal.

总之，正如余国良所指出的，让学生结合原文特点、作者写作风格、翻译语境等多种因素，来判定不同译文的优劣或自身翻译的得与失，在分析和比较过程中获取翻译经验，这种融合了学生发现问题、提出问题、分析问题、解决问题的全过程，对培养学生的批判性思维是行之有效的教学策略。因此，译文评析是翻译教学中不可或缺的环节，是培养翻译学习者批判性思维的重要途径。

综上所述，本科阶段的翻译课不能成为单纯的技能课，而应继承传统、顺应潮流，将"人文通识教育"纳入教学的各个环节。而且，翻译课作为中外两种语言并重的课程，完全有能力在翻译史介绍、翻译实践、译作评析等环节拓宽翻译学习者的文化视野、提升翻译学习者的思想和心理素质、增强翻译学习者的美学欣赏能力、培养翻译学习者的批判性思维能力。当然，除上述几个途径之外，还应鼓励翻译学习者课下多读中英文的文学、哲学、历史等方面的书籍，一方面提高其中英文能力，从而提高其翻译能力；另一方面这也是完善"人文通识教育"的自学手段和途径。

第四节　翻译中语言与文化的语际负迁移及教学对策

　　翻译，顾名思义，就是语言之间的转换。翻译行为之所以出现就是因为不同语言群体或个人之间需要相互交流，正如中国唐朝的贾公彦在《义疏》中所说："译即易，谓换易言语使相解也。"因此，从翻译本体看，翻译就是语言之间的相互转换。这也可以从中西方不少学者对翻译的定义中看出。宋朝僧人法云在谈及佛经翻译时曾说："夫翻译者，谓翻梵天之语转成汉地之言。音虽似别，义则大同。"何匡认为："翻译的任务就是要把原语言形式中表现出来的内容重新表现在译文的语言形式中。"许渊冲认为，"翻译是用一种语言形式表达另一种语言形式已经表达的内容的艺术，主要解决原文的内容和译文的形式之间的矛盾"。在西方，卡特福德（Catford）认为翻译是用一种语言中的对等文本材料去替代另一种语言中的文本材料。奈达（Nida）和泰伯（Taber）将翻译定义为原语中的信息在译入语中找到最贴切的自然对等，首先是意思对等，其次是风格对等。赫曼斯（Hermans）指出："我们对该学科的一种直觉想法：翻译一定是用另一种语言表达原文所表达的，换言之或呆板地说，翻译意味着用另一种语言中的形式、意义或语用方面的对等表达替代原文。"苏联翻译理论家巴尔胡达罗夫（1985）认为："翻译是把一种语言的言语产物在保持内容也就是意义不变的情况下改变为另一种语言的言语产物的过程。"德国的翻译理论家威尔斯（Wilss）认为："翻译乃是与语言行为和抉择密切相关的一种语际信息传递的特殊方式。"关于翻译活动的本质，我国学者吕俊认为："翻译是一种跨文化的信息交流与交换的活动，其本质是传播。""无论口译、笔译、机器翻译，也无论是文学作品的翻译，抑或是科技文体的翻译，它们所要完成的任务都可以归结为信息的传播。""都是一个系统（信源）通过操纵可选择的符号在影响另一个系统（信宿）而得到传播的过程。"中外有关翻译的定义还有很多，这里就不一一列举。通过这些定义可以看出，翻译无疑首先是一种语言的转换行为，是语言转换的具体操作，是"以语言和文字作为媒介与对象的翻译活动"。

　　翻译首先是传达原作的意思，原作的意思通过词、句和篇章表达出来，因此可以说，在"传达原作的意思"这一层面，翻译和语义、语用以及句法有着密切的关系，因为几乎在所有的情况下，翻译并不是依靠传达单个词的意思就能传达原文整体的意思的，而是将词放在一定的句法结构中、一定的语用场合中来进行解读和传达其意思，即平常所说的"语境"。无论是语言学家还是哲学家都非常注重语境中的意义，如英国语言学家弗斯（Firth）曾经指出，"在基本言语环境中，'意义'是说话人发出'声音'的特性。两者一样重要"。这里的语境可以是语言内部的搭配、句子、段落，也可以是文体语境，还可以是文化语境。因此，语言、文化、语篇文体与翻译有着密切的联系，这些方面在翻译教学中也应该有所体现。

一、语言和认知模式与翻译教学

著名语言学家沃尔夫（Whorf）认为语言和人们对世界的看法之间有着密切的联系。他的观点是：世界以万象纷呈的印象流形式呈现在我们面前，主要经过我们大脑中的语言系统加以组织。我们切分自然，将其概念化，并赋予其不同的意义，因为我们已就此达成了协议，此协议支配着整个语言群体，并以语言的模式形成了规则。那么，不同民族由于对世界的认知模式不尽相同，所使用的语言表达模式也就不尽相同。翻译作为两种语言之间转换的具体形式，势必与不同民族的认知模式有涉。一方面，由于不同民族认知的是同一个世界，所以翻译是可行的。雅可布逊（Jakobson）就曾说过："一切认知经验及其分类可以在任何现存的语言中进行传达。……语言的认知水平不仅认可作为重新编码过程的翻译，而且直接需要这种翻译。"（All cognitive experience and its classification is conveyable in any existing language...the cognitive level of language not only admits but directly require recoding interpretation.）另一方面，不同民族对同一个世界的认知模式不尽相同，所以在表达语义和语法方面也就不尽相同，势必会对翻译造成很大的障碍。中英文这两种语言由于承载了两个不同民族的认知模式，所以在对这两种语言进行互译的过程中，译者必然会进行更多的变通，在保持原文语义信息不变的情况下，在传达语义信息的语言形式以及整个句法结构上做到照顾译入语读者的认知模式，这一点在翻译教学中应该引起重视。

（一）语言、认知模式与翻译之间的关系简析

由于两种语言背后的认知模式不同，所以不同的语言在词义和句法结构上往往会存在差异，对翻译产生不同的影响。

不同民族对事物的反映首先表现在用词方面，不同民族对事物或事情的词汇

表达必须放在对世界的认知语境下进行考察，根据邦维利安（Bonvillain）的观点，"在某些词汇范畴内，进行跨文化比较可以发现人们对宇宙认知上的基本差异。"不同的民族在语言上有着不同的"背景设置"或"文化预设"。所谓"文化预设"，即语言互动的参与者遇到了其文化的系列知识和理解（模式），这些知识和理解（模式）通过语言表达和传播。而且，文化预设是人们通过经验进行学习，也就是通过文化适应的过程积累起来的。有些文化预设是很复杂的，由此决定了语义认知模式的复杂性，所以翻译时就会产生障碍。邦维利安还指出，由于语言具有暗含象征的一面，一种文化中的说话人表达的全面含义无法得到另一种语言中说话人的理解。要了解一个民族的世界观或价值体系，有必要理解这个民族使用的话言中的文化象征符号。这就说明为什么从一种语言到另一种语言的翻译总是无法做到完全精确。单个词是可以翻译的，但这些单词在上下文中的全部意义不容易或不能清楚传达出来。

其次，认知模式也会决定语言的语序、句法结构和表达的视角。沃尔夫认为，任何语言的结构都包含对世界结构的认识。邦维利安指出："语言组成部分的排列顺序通常具有认知意义。"但是，不同的语言背后，由于不同民族对世界的认知模式不一样，所以在一个民族中看来是重要的，应该放在句子首位的东西，在另一个民族看来，却不一定放在首位。譬如，汉语的地名和时间排列一般从大到小，英语的排列一般从小到大；汉语中头衔和职位一般放在人名前面，而英语中头衔和职位往往放在人名的后面；汉语多用前置定语，英语多用后置定语；英语多用严格的主谓句，汉语除主谓句以外，还有一些无主句和主题——评述句等，这和语言背后的认知思维有很大的关系。正如辜正坤认为，印欧语与汉语句法结构鲜明地表现了不同民族的思维心理结构模式。他认为印欧语的民族思维模式为：由内向外、由小到大、由近到远、由微观到宏观、由个别到整体、由具体到抽象，而中国人的思维模式为：由外向内、由大到小、由远到近、由宏观到微观、由整体到个别、由抽象到具体。所以，翻译时应该照顾到译文读者对语序和句法结构的心理认知模式。

如果语言表达模式是相同的，譬如所使用的语义意象或句法结构是相同的，翻译就非常简单。但更多的时候，正是因为不同语言的使用者对世界的认知模式不同，从而造成了语言中所使用的语义意象或句法结构不尽相同，使翻译面临障碍，但翻译总是要进行的，所以奈达曾经说，翻译就是翻译意思。一般说来，只要意思表达清楚了也就达到了翻译作为交流手段之一的目的。关于不同语言之间的翻译之所以可行，弗劳利（Frawley）总结出三种观点：第一种观点认为不同语言群体在使用意义作参照物时是一样的，这个参照物就是宇宙本身；第二种观点认为，人类对世界的认知方式相同；第三种观点是语言本身有共通之处。实际上，第三种观点只能说明翻译的具体操作中可以在译入语中找到对应的表达方式，也就是说，如果原语中有一种表达方式 x，那么因为语言的相通性，所以可以在译入语中找到与 x 相对应的表达方式 y。譬如，英文 table 可以在汉语中找到对应词"桌子"，但这并不能说明翻译是否可行，也就是说第三种观点并不能解释英文的 table 为什么能在汉语中找到对应词"桌子"这个问题。而前两种观点实际上都是关于人类对世界的认知问题，只不过是一个问题的两个方面，即认知内容和认知方式。我们完全可以这样解释：使用不同语言的两个民族都把这个世界作为参照物，而且它们对这个参照物的认知方式反应在语言上，有时是相同的，有时又是不同的，并不是说只有在两个民族认知方式相同的情况下翻译才是可行的。有时候，认知的方式不同，但只要两个民族都熟悉某一概念，翻译也是可行的。比如，在翻译英文的 cheese 一词时，汉语读者只要熟悉"奶酪"这一词的概念，译者就能进行翻译。也就是说，从认知角度讲，翻译就是用相同或不同的语言表达模式传达出对同一事物相同或不同的认知模式。

只要认知的内容相同，我们完全可以用反映另外一种认知模式的语言来进行翻译，只不过需要进行调整以照顾到译入语的读者。格特（Gutt）就从认知的角度（关联理论）研究翻译，认为翻译作为一种交际行为，取决于话语的心理"语境"或"认知环境"，而这种"语境"或"认知环境"可以宽泛地解释为个人的知识、价值和信仰。重要的是，翻译对原文的忠实程度和译文的表达方式取决于其与译入语读者的关联。这一研究从关联的角度探讨了读者认知与翻译的联系。因为，凡是翻译，一定会有很多的读者。按照奈达（Nida）提出的"动态对等"（dynamic equivalence），翻译必须为读者服务，所以译者要对译文进行相应调整以满足读者的需要，从而使译文读者对译文的感受等同于原文读者对原文的感受。可以说，只有与译入语读者的文化认知模式相吻合的译本对这个读者群来说才是一个好的译本。

（二）认知模式对翻译教学的启示

通过上文对语言、认知模式与翻译之间关系的简析，可以看出对翻译教学的重要启示，那就是：翻译教学中要重视语言对比。关于翻译中要重视双语对比这一论断，学界基本达成共识，本书前面的有关章节已有论述，这里不再赘述。但近年来，随着翻译研究中的"文化转向"，语言对比在翻译教学中有所忽视，实际上，作为语言转换行为的翻译，在其教学中依然应该提倡语言对比，其是基于认知模式的语言对比，具体来说，表现在以下几个方面：

第一，翻译教学要重视语义对比并启发翻译学习者词汇应用与认知模式的联系。如果两种语言中对同一事物或问题的认知模式基本相同，所使用的词汇表达模式也就基本相同，这时在两种语言互译时就比较容易找到对应的表达方式，否则，只好照顾到译入语读者的认知模式，变通地处理原文词汇，以达到翻译的交际效果。这一点说明，在英汉互译教学中，应该教会翻译学习者认识到两种语言背后文化认知模式的异同，根据这一异同并联系相关文本语境和文化语境来选择某一词语在目的语中的对等语，而不能简单地认为原语中的词语 x 在目的语中一定而且只对应 y。尤其是对中国翻译学习者来说，由于在英语学习过程中习惯于将英文单词按照某一中文意思记忆，所以在大学高年级学习翻译时，一看到某个英文单词马上就想到原来曾经记住的中文意思，孰不知在所翻译的语境中也许这个中文对应词并不合适。反过来也是如此。不能一看到某一中文词语马上望文生"译"，想到自己背过的某一英文单词，尤其是近义词中最先进入记忆的那个单词。翻译教学中要告诉学习者洞察英汉两种语言背后的认知模式，认识到英汉词义由于认知模式的异同可以分为：对应关系（如 manly —有男子气的）、涵盖关系（如 brother—哥哥 / 弟弟）、交叠关系（如 food、cereal、grain 都有"粮食"的意思）、替代关系（如妻舅—brother-in-law），冲突关系（如汉语中的"功夫""风水"等在英语中没有对应词），根据这些关系采取相应的对策，比如针对涵盖关系和交叠关系可以采取对应翻译，而对于替代关系可以寻找挖掘其真正含义，寻找真正的对应词，对于冲突关系则可以寻求音译或音义结合。总之，在翻译的词义教学方面，应鼓励学习者多积累，多查阅英英词典，多分析词义和背后的认知模式，联系上下文，才不至于在翻译选词时出现令目的语读者感到"陌生"的译文，才不至于闹出笑话。

第二，翻译教学要重视语序和句法结构的对比。不同民族认知模式的不同使得他们在语言的话序和句法结构的安排上出现差异。在翻译教学中要让学生意识到英汉认知模式不同导致句式结构和语序的不同。所以，翻译教师应该对英汉对比有一定的研究，尤其是对语序和句法结构的对比有一定的研究，并善于归纳总结英汉语在主要句子结构、定语位置、同位语位置、形容词顺序等方面的各种差异，教会学习者在翻译过程中根据目的语的认知模式调整语序，从而获得地道的译文。正如王东风和章于炎所指出的：同一概念意义的若干句子因由各自语序的不同而产生不同的主题意义，具有不同的交际价值。翻译既然要重视原意，就不能置这种意义以及传达这种意义的话序于不顾。我们相信，揭示语序的表意功能和其汉语序的异同规律，将有利于提高翻译的质量和效率……

可见，认知模式的不同说明翻译过程中语序和句法结构的调整决定着翻译的质量和效率。

第三，翻译教学要重视表达视角的对比。中国的文字是直观型的象形文字，极具艺术性；而西方的文字是由字母任意组合而成的，所以比较抽象。事实上，由于汉字的直观性，也造成了中国人认知的直观性，使得汉语表达中的视角也比较直接，而英文句子的逻辑关系是非常严谨的，语法结构总是主谓关系。在翻译的过程中要根据译入语读者的认知模式对叙述的视角进行转换，这样才能真正获得通顺的译文。将英汉两种语言表达视角或重心的不同引入翻译教学，使学习者意识到英汉句子的视角原来和认知模式有关，这种对语言表象背后认知模式的挖掘首先可以提高学习者对语言的兴趣，从而调动学习者对翻译的兴趣、对分析两种语言表达视角的兴趣，不知不觉中提高了翻译教学的效果。正如刘宓庆指出的，在翻译实务教学中要"让学生认识到这一点，对翻译实践中的句式分析和译句的主谓定位具有无可置疑的重大意义"。

总之，不同民族对世界的认知模式不尽相同，所以其语言表达方式也就不尽相同。本部分从语言背后的认知模式入手，分析了英汉两种语言在语义表达和句法结构上的典型差别，进而讨论由此引起的翻译对词汇和句式的处理问题。很多时候，翻译中应该根据译入语的认知模式对原语的认知模式进行变通处理，在保持原文信息不变的前提下，合理选词，适当调整句式和视角，从而使译文更符合译入语的认知模式，更好地为译入语读者接受，以达到良好的翻译效果。将认知模式的对比引入翻译教学，可以提高学习者对语言的兴趣，从而调动他们对翻译的兴趣和对词及句子分析的兴趣，这样可以提高学习者的翻译水平，不知不觉中也就提高了翻译教学的效果。

二、翻译中语言与文化的语际负迁移及其教学对策

程度不同的学生在翻译中出现的错误问题存在差异，程度好的学生语法错误较少，问题出现在词义和文化符号的转译上。程度较差的学生不仅在选词和文化传达方面出现错误，在语法上也会出现问题。不难看出，虽然英语专业三年级学生的英语水平较一般外语学习者要高出很多，他们在英语的听、说、读、写方面已经有很强的基本功，但翻译毕竟是一种双语的转换，原语的语法、词语的表面意义和文化符号的含义总是或多或少对译者的心理机制产生干预，这些干预就是

语际迁移。

　　行为主义者认为，学习者在学习一种新的东西时，会受到学习者原有经验的干预。这种干预表现在外语学习上，很明显的点就是母语对外语学习的干预，这种干预称为语际迁移。也就是说，"个人会把自己母话的形式、含义以及文化迁移到外语当中去"。语际迁移分为正迁移和负迁移。正迁移就是母语对外语学习的正面影响，使学习者能按照母语的规则对外语进行正确的把握；负迁移就是负面影响，使学习者按照母语的规则对外语进行了错误的把握。由于语言之间的差异，语际负迁移在外语学习的初期表现得尤为明显。但从高年级学习者的汉译英作业中发现，语际负迁移在汉英翻译的过程中依然是一个非常严重的现象，不能忽视。下面以一篇汉译英作业为例，对典型语言与文化的语际负迁移进行分析，并提出相应的教学对策，这些对策也是英语专业高年级翻译教学的重点所在，特别是汉英翻译教学的重点所在。

　　所选汉译英作业取自著名作家贾平凹的《进山东》，原文如下：

　　在曲阜，我已经无法寻觅到孔子当年真正生活过的环境，如今以孔庙孔府孔林组合的这个城市，看到的是历朝历代皇帝营造起来的孔家的赫然大势。一个文人，身后能达到如此的豪华气派，在整个地球上怕再也没有第二个了。这是文人的骄傲。但看看孔子的身世，他的生前凄凄惶惶的形状，又让我们五人感到了一份心酸。司马迁是这样的，曹雪芹也是这样的，文人都是与富贵无缘，都是生前得不到公正的。在济宁，意外地得知，李白竟也是在济宁住过了二十余年啊！遥想在四川参观杜甫草堂，听那里人在说，流离失所的杜甫到成都去拜会他的一位已经做了大官的昔日朋友，门子却怎么也不传禀，好不容易见着了朋友，朋友正宴请上司，只是冷冷地让他先去客栈住下好了。杜甫蒙受羞辱，就出城到郊外，仰躺在田埂上对天浩叹。尊诗圣的是因为需要诗圣，做诗圣的只能贫困潦倒。我是多么崇拜英雄豪杰啊，但英雄豪杰辈出的时代斯文是扫地的。孔庙里，我并不感兴趣那些大大小小的皇帝为孔子竖立的石碑，独对那面藏书墙钟情……

　　我们之所以选取该段文章，是因为该段出自大家之手，句式有长有短，比较恰当地代表了汉语作者的表达方式。同时，这一段写曲阜，写孔子，后又写李白和杜甫，所以和中国的文化密切相关。通过这篇作业可以让翻译学习者更好地理解汉语，掌握汉语各种句式结构转译为英语的分析过程以及汉语长句在英语中的断句和表达，同时能用地道的英语正确地传达地道汉语词汇的意思和文化词语的含义。

（一）语法负迁移举例及分析

在翻译教学中发现，在大学英语专业高年级学习者的翻译实践中，句法语际负迁移现象依然存在。这种语际负迁移主要表现在对句法和句式的处理上。举例如下：

（1）一个文人，身后能达到如此的豪华气派，在整个地球上，怕再也没有第二个了。

（2）但看看孔子的身世，他的生前凄凄惶惶的形状，又让我们文人感到一份心酸。

（3）遥想在四川参观杜甫草堂，听那里人在说，流离失所的杜甫到成都去拜会他的一位已经做了大官的昔日朋友，门子却怎么也不传禀……

（4）尊诗圣的是因为需要诗圣，做诗圣的只能贫困潦倒。

句子（1）是主题—评述句（topic-comment sentence），这是汉语一种常见的句式，但英语的句子一般都是主谓句（subject-verb sentence），由于受到汉语句式的影响，学习者不自觉地将这句话译成了：

A scholar can achieve such luxuries after death is afraid to find a match in the world 或 A scholar can achieve such luxuries after death.There is no second one in the world.

不难看出，无论上述哪种翻译，都存在明显的语际负迁移现象，都是拘泥于汉语的结构而翻译的。第一种翻译完全错误，不符合英语的主谓句特点，另外，还把"怕再也没有"译成了"is afraid to find"，显然也是错误的，因为 be afraid to do sth 在英语中是"不敢做"的意思。第二种翻译虽然从英文看是把汉语主题评述句变为了英文的主谓句，但由于受汉语结构的影响，英文将原文意思连贯的句子变成了两句，意思并不连贯，可以将错译修改为：On this planet there has been no other scholar who has enjoyed such luxurious posthumous respect.

对于句子（2），有的学习者也是受到了汉语句子的影响，将其直接译成了 Seeing/Looking at Confucius's life and his miserable situation makes us scholars sad. 这个英文句子中主语是"seeing/looking at..."这一动名词短语，可以理解为这个动作让我们心酸，意思显然是错误的，因为从原文看，让人心酸的是"孔子的身世"和"凄凄惶惶的形状"，这两者实际上又是一个意思，所以可以将错译改为：Confucius's miserable/deplorable experience makes us scholars sad. 当然也可以用"我们"作主语，翻译为：When we look back，we cannot help feeling sad about Confucius's miserable/deplorable experience/life.

句（3）是一个长句，而且是无主句，实际上，"遥想"和"听"的动作发出者都应该是"我"，可有的学习者把汉语的结构直接移植到英译文当中，其译文是：Recalling my visit to Du Fu's Hut in Sichuan，people there told me that when Du Fu，homeless and destitute，went to Chengdu to visit one of his old friends who had become a high-ranking official，the doorkeeper refused to report his arrival。我们知道，英语中的现在分词和整个句子的谓语动词一般都应该是同步的，这样的话，上文中的"recall"和"hear"就成为同步进行的动作，显然是不合句法逻辑的，可以将错译改为：I recall a story told by the local people during my visit to Du Fu's Thatched Cottage in Sichuan.When Du Fu，homeless and destitute，went to Chengdu to visit one of his old friends who had become a high-ranking official，the gatekeeper refused to report his arrival.（注：此句中把 door keeper 改成了 gatekeeper，原因见下文。）

对于句（4），有些学习者是这样译的：Those who worship a sage poet because they need one；those who are sage poets can only be poor. 译文的前半部分很明显是把汉语的句式结构直接迁移到英文中来，译文并不是一个完整的英语句子结构，所以在句法上是错误的，后半部分的错误在于对"诗圣"单复数的理解。众所周知，中国历史上只有杜甫一个人被称作"诗圣"，虽然汉语没有形式上的单复数之分，但在英文里应该用单数表示，而且最好加定冠词，还要大写首字母。另外，这里说的情况应该属于过去，所以时态要改为过去式。综合起来，可以将错译改为：People honored him as the Poetry Sage out of their need，but himself only lived in poverty。

从上述几个例子中可以看出，翻译学习者汉译英的句法语际负迁移主要表现在把汉语的句式机构（非主谓结构）和语法（时态、单复数、冠词、分词短语的逻辑主语等）直接移植到英译文当中去，从而形成了句法的"中式英语"现象，这主要是由于两种语言的句式结构和语法存在差异造成的，所以为避免出现这种现象，必须在教学中采取一定的措施。

（二）教学对策——语言对比

以上出现的问题主要是因为汉英两种语言语法和句式上的不同造成的。由于已经根深蒂固的汉语思维模式，翻译学习者汉译英出现这些问题在所难免。但是，翻译课的重要任务之一是要引导学习者注重两种语言的差别，从而避免上述严重的语法和句法错误。针对这些问题，在翻译课中进行汉英对比教学就显得极为重要，因为"只有对外语和学生的母语进行比较的教师才能更好地了解真正的问题所在，才能更好地教学"。刘宓庆指出，翻译实务课堂教学的基本思路之一就是"应着眼于双语对比，特别是双语差异，使学生深明'知己知彼，百战不殆'之理，实际上这也正是传播学的基本原理之一。"刘宓庆进而认为："翻译的语言对比研究是双语学的课题。TTPS（作为专业技能训练的翻译教学）应该有比较语言学这门必修课。比较语言学其所以是必修课，因为翻译实际上无时无刻不需要比较双语之异同。"只有重视了两种语言的对比才能保证翻译教学的质量和水平。但是，由于本科阶段英语专业的翻译课课时有限，不像翻译专业研究生阶段可以开始英汉对比的课程，所以我们建议在翻译教学中加入汉英语言对比的内容，让学习者在翻译实践中把握汉英两种语言的差异，势必会促进其翻译技能的提高，优化其译文的表达质量。特别是语法对比这一环节，主要通过讲授汉英两种语言在句法结构上的差异，让学生在翻译过程中有意识地避免出现语法负迁移现象。具体内容包括一系列专题，譬如，形合和意合、被动与主动、主谓句与主题句／无主句、后置与前置等。通过这些专题，让翻译学习者了解，英语是形合语言，汉语是意合语言，所以汉译英时需要添加连接词；英语被动语态使用得比汉语频繁，所以汉译英时要注意是否应该把主动变为被动；英语是句式结构严格，除祈使句可省略主语外，一般都是主谓句，而汉语的主谓结构可以不那么严格，有很多主题句和无主句，所以汉译英时要注意是否需要添加主语，并保持主谓一致；英语的修饰成分除单词外，短语或句子一般后置，修饰成分可以向右无限延伸，而汉语的修饰成分一般前置，所以汉译英时应注意合理安排修饰语的位置，注意从属关系，尤其是定语从句。至于英汉对比的其他内容本书前面在探讨翻译教学内容时已经提及，这里不再赘述。

三、翻译中的语义负迁移及其教学对策

（一）语义负迁移举例及分析

如果说语言是一座大楼，语法就是这座大楼的设计框架，而词汇便是这座大楼的建筑材料，可见词汇在语言中的重要性，正如英国语言学家威尔金斯（Wilkins）所说，即使没有语音和语法，也还可以传达出一些信息，但如果没有了词汇，就不能传达任何信息。英汉两种语言形成的环境不同，所表达的思维不同，使用词汇就会存在差异。同时，词汇的意义随着社会实践的深入不断发展而变化，所以词义传达正确也是取得良好翻译效果的重要一环。汉英两种语言的词汇，有的意义是一一对应，有的是意义交叉，还有的意义完全相反。在汉译英

实践中，学习者往往"望词生义"，把覆语词汇的表面意义迁移到英语当中，从而出现了选词不当的现象。举例如下：

（5）这是文人的骄傲。

（6）文人都是与富贵无缘，都是生前得不到公正的。

（7）杜甫蒙受羞辱，就出城到郊外，仰躺在田埂上对天浩叹。

（8）朋友正宴请上司，只是冷冷地让他先去客栈里住下好了。

（上述翻译作业的原文中很多地方出现"文人"一词，有的学习者望文生义，认为"文人"就是搞文学的人，更何况原文的作者恰恰是一位作家，所以学生就把这样的理解迁移到英文当中，把"文人"（例5）译成了"bookman/men""literati""men/man of letters"。事实上，这几个英文单词的意思都与"literature"有关，词义的范围相对于汉语的"文人"一词要窄，bookman还有"书商"之意。而且我们知道，孔子一般被看作学者、思想家、教育家，而非文学家，所以这里的"文人"应该译为"scholar"。"生前"（例6）按照字面意思当然是"去世之前"，但事实上该词涵盖的时间要比"去世之前"长得多，并不只是临终前的那段时间，但有的学习者直接把该词的字面意思迁移到英译文中，译成了"before death"，这样的理解和翻译显然是错误的，我们认为应该译称"in their life"或"during their lifetime"。有的学习者把"浩叹"（例7）一词直接译成了"cry"或"sigh"，仍然是把字面意思迁移过来，实际上该词有抒发感情的意思，所以不妨译为"pour out his feelings"或"pour out his sentiments"。另外，大多数学习者都认为汉语的"住"和英语中的"live"意义是完全相等的，实际上这是一个误解。"live"表示"住"的时候，英文意思是"to have one's home"，所以是"居住"的意思，而例8中的"住"显然表示"做短暂停留"之意，所以应该译为"stay"，而非"live"。

上述关于词义的理解和汉译英的选词错误明显来自学生把汉语的字面意义移植到英文当中，造成意思不当。这就需要一定的教学对策进行纠正。

（二）教学对策——根据语境选词，善于使用工具书

任何语言都有一词多义的现象，之所以会产生这样的现象就是因为不同语境的存在，即同一个词在不同语境中其具体含义会有所不同，甚至是很大不同，因此语境一直是词义研究的重要因素。平时在使用语言时，每个语言使用者都应该重视语境，就如同语言学家莱昂斯（Lyons）所说：（1）每个参与者必须知道自己在整个语言活动中所起的作用和所处的地位；（2）每个参与者必须知道语言活动的时间和空间；（3）每个参与者必须能够辨别语言活动情景的正式程度；（4）每个参与者必须知道对这一情景来说，什么是合适的交际媒介；（5）每个

参与者必须知道如何使自己的话语与语言活动的主题相适应，以及主题对选择方言或语言（在多语社团中）的重要性；（6）每个参与者必须知道如何使自己的话语与语言活动的情景所属的领域和范围相适合。"在翻译学看来，意义无时无刻不受到语境的制约，孤立的词是没有固定的意义的。"所以，翻译过程中，词的选择依赖于词所处的上下文，即语境。巴尔胡达罗夫（1985）将上下文分为狭义上下文和广义上下文。所谓狭义上下文是指句子的上下文，即在一个句子的范围内该单位周围的一些语言单位。所谓广义上下文是指该单位的超出句子的范围的语言环境。后者可以是句群、段落、章节，甚至可以是整个作品。巴尔胡达罗夫还认为，上下文对解决语言的多义性问题起着非常重要的作用。也就是说，上下文可以使某个多义词只有一个意义，从而使译者在译语中的几个可能的对应词中选定最恰当的一个。我们认为，因为词的内涵意义、外延意义、词义的广狭和感性色彩都受到语境的制约，所以通过语境理解词的意义，可以在目的语中找到内涵意义和外延意义、感情色彩相对应的词。另外，根据语境，有时可以找到固定搭配，通过固定搭配理解词义便容易多了。所以，在翻译教学中，不应忽视语境问题的探讨，不依赖语境的翻译很多时候必定是荒唐可笑的。所以，在翻译教学中要培养学生的"语境意识"，摒弃"望词生译"的习惯。刘宓庆指出："对翻译而言，重要的问题不仅是对语境的功能的认识，而且还必须培养自己对语境的判断能力。问题很简单，只有自己具备判断语境的能力，才能在操作中做到适境；如果连对自己笔下的文章处于什么语境都浑然不知，当然谈不上符合'言必适境'（译必适境）的要求。"

通过语境理解了词义，还要在目的语中找到意义对等的表达方式。一般说来，翻译学习者可以从自己积累的词汇中搜寻到相应的表达方式。但是，汉译英作业中出现选词不当往往是因为学习者在这方面失败了，没能在自己积累的词汇中找到恰当的表达方式。这时，工具书的作用就凸现了出来。高等学校英语专业的教学大纲对于八级要求也有明确的规定：能独立使用各类工具书和参考书，并有效地通过计算机网络查阅资料，获取知识。在翻译教学中，教师应指导学生善于利用工具书。在汉译英的选词方面，应该指导学生不仅使用较为权威和收词全面的汉英词典，还应通过英英词典对比近义词的内涵意义、外延意义、词义的广狭和感情色彩等，从而为某个汉语词找到恰当的英文表达法，而非把对汉语的理解直接迁移到英译文当中。

四、翻译中的文化负迁移及其教学对策

（一）文化负迁移举例及分析

众所周知，语言是文化的载体和重要组成部分，文化是语言肥沃的土壤。语言和文化相互关系密不可分。语言不仅记录和反映了人类文明发展的历史和社会文明的进步，还是文化得以传播、交流和延续的发展工具。正如萨丕尔所说（1921），语言究其本质是文化的。这是因为：第一，语言是人类文明发展的产儿，是人类最基本的文化成果。第二，语言不具有生物遗传性，它是人类后天习得的本领，而且主要是为了自我生存的发展而习得的本领。第三，符号性是语言的文化性质的主要标志。语言符号的代码功能的本质是以符号承载、传送意义，代码是语言交际功能的全部奥秘和魅力之所在。第四，语言的文化性质还表现在它对人类文化和文明发展的反映作用：语言的发展与人类文化和文明的发展几乎是同步的，人类社会的每一步进展都可以在语言中找到注脚。第五，语言的文化性充分表现在它对文化的凝聚功能中：没有任何一种人类文化的行为、活动、经验、劳作或创造是不可以用语言文字来加以叙述、描写或记录的。由于语言是用来交流的，而人们交流的正是他们的知识、情感和文化，所以语言真正承载的就是使用这种语言的人在长期的实践过程中积累的文化信息。但是，由于不同民族所处的地理环境不同、历史沿革不同、思维习惯不同，也就形成了不同的心理认知系统和不同的文化价值体系，从而在其语言中形成了彼此不同的表达方式，这就为两种语言的翻译者提出了挑战，即怎样在目的语中找到恰当的语言来表达语言所承载的文化信息。对三年级的英语本科阶段的学习者来说，这更是一个挑战。值得注意的是，有的学习者在平时的学习中往往只重视英语习语的收集，却忽略了很多汉语符号的真正文化背景和文化内涵，从而在翻译中把自己的错误理解迁移到英文当中；还有的学习者不太注意与文化有关的语言形式的积累，在翻译的时候，往往根据汉语的表面意思进行直译，这种直译过来的文化符号往往使英语读者莫名其妙。下面列举一下本篇作业中最典型的文化传达不当现象。

（9）孔林。

（10）门子。

（11）诗圣。

"孔林"作为文化遗产，实际上指的是"孔子及其后裔的墓地"，虽然里面也栽植了很多的树，但并不是"孔家的树林"，而大多数学生将之译成了"Confucian Cemetery"或"Confucian Woods"。这样的翻译并没有把"孔林"的真正文化意

义传达出来，应该译成"Confucian Cemetery"。"门子"是一个富有文化意义的语言符号，实际上是指"旧时在官府或有钱人家看门通报的人"，而有的同学将之译为"messenger"或"guard"，显然具有现代色彩或异语色彩，应该译为"gatekeeper"。有的同学把"诗圣"一词译成了"sainpoet"，我们知道，"saint"一般具有宗教色彩，所以这种译法显然失之偏颇，应该译称"poetry sage"，而且如前文讲过，该词应该属于专有名词，在行文中应该大写首字母，成为"the Poetry Sage"。

（二）教学对策——汉英文化对比，增强对汉语文化的理解

文化问题是翻译过程中必然遇到的问题。针对这一问题，翻译教师可以在教学的过程中穿插中英文化对比。如前文所述，只有对比，才能让学习者更加深刻地认识到两种语言背后的文化差异以及由此产生的语言形式的差异。由于学时有限，可以在有限的教学内将汉英文化对比浓缩为以下几个专题：汉英称谓的不同及其翻译、汉英问候语的不同及其翻译、汉英动植物的不同比喻意义及其翻译、汉英成语及习语的不同与翻译，以及汉语历史词汇和当代流行词汇的翻译等。

同时，还要鼓励翻译学习者课下多积累，多了解。不仅要积累英语中文化语言符号的意义，还要了解中国的传统文化及与文化有关的表达方式。通过积累和理解，翻译中就会少犯错误，避免发生文化传达错误的现象。另外，在具体翻译过程中，仍然要多参考工具书和词典。比如，上面提到的作业，在遇到上述文化内涵丰富的字眼时，光凭印象是无法准确传达出原语的意思的，因为很多时候，从字面看，某种英文表达与汉语某种表达意思相近，实际上其中的文化内涵并不相同，就像"同舟共济"与"in the same boat"的意思实际上并不一样，所以必须领会其中的内涵，这时可以参考汉语字典或词典、汉语文化词典等，查出汉语的意思，还可查阅汉英文化词典等；否则，如果只是望文生义，不求甚解，势必会扭曲原文文化的意思。

以上所列出的汉英翻译中的语际负迁移现象只是以一篇汉译英作业为例，而事实上，在长期的教学实践中发现上述问题是整个翻译教学中都存在的问题。翻译学习者在句法、同义、文化的语言符号等方面的语际负迁移是中国翻译学习者翻译实践中一个重要错误来源，使得他们在翻译中出现了句法错误、选词不当和文化传达失误等典型错误问题，也是造成"英式中文"或"中式英语"现象的重要原因。翻译教师应该根据中国翻译学习者的特点，寻找正确的教学方法，减少学生翻译中的错误，甚至杜绝这些现象。

上文针对汉译英教学中发现的典型错误现象，提出了一些教学对策，即汉英

语法和句法对比、词义与语境、文化对比、工具书的使用等。既然本部分讨论的汉译英作业中的错误是典型的，那么，这些对策也应该是英语专业高年级汉英翻译教学的重点之一，而且这些教学重点同样适用于英汉翻译。当然，在翻译教学过程中，可根据不同学生群体的不同错误现象进行适当调节教学对策。下面特附本节所用翻译作业的参考译文：

In Qufu I could no longer find the environment in which Confucius had lived.Now in the city composed of the Confucian Temple, Confucian Mansions and Confucian Cemetery, I could only find the imposing magnificence built up by emperors in past dynasties.I'm afraid that there has been no other scholar on this planet like Confucius who has received such luxurious posthumous respect.This is what scholars are proud of.However, when looking back, we cannot help feeling and about Confucius's miserable/deplorable life experience.Scholars, including Sima Qian and Cao Xueqin, were all denied wealth and justice.I recall a story told by the local people during my visit to Du Fu's Thatched Cottage in Sichuan.When Du Fu, homeless and Destitute, went to Chengdu to visit one of his old friends who had become a high-ranking official, the gatekeeper refused to report his arrival.After some difficulties, Du managed to see his friend, but the latter was holding a banquet in honor of his superior and only coldly told the poet to stay in a hotel.Feeling humiliated, Du left for the outskirts.Lying on the ridges of the field, he poured out his sentiments towards Heaven.People honored him as the Poetry Sage out of their need while he himself only lived in poverty.How much I admire those imposing war heroes but in the times full of such heroes, learning was regarded as nothing.In the Confucian Temple, I was only interested in the Book Security Wall rather those stone steles set up by emperors, famous and obscure.

第五章 大学英语翻译教学的创新模式

第一节 数字化时代英语翻译教学新模式

语言作为人类交流最重要的工具，其在社会经济发展过程中发挥着极为重要的作用。由于数字化时代下的传统英语翻译教学已经无法满足社会经济发展的需要，因此必须加强英语翻译教学模式改革与创新的力度，建立符合数字化要求的英语翻译教学模式，才能促进英语翻译教学效率与质量的稳步提升。本节主要就数字化英语翻译教学的新模式进行了分析与探讨。

一、构建数字化翻译教学的平台

由于传统英语翻译教学已经无法满足数字化时代对英语翻译教学所提出的要求，所以必须加强现有翻译教学手段改革与创新的力度，冲破传统教学手段对英语翻译教学的限制，才能促进英语翻译教学效率的全面提升；充分发挥数字化时代的优势构建数字化的英语翻译教学平台，并为英语翻译教学的顺利进行奠定良好的基础。由于数字化翻译辅助教学平台的构建涉及各方面的内容，必须在计算机、互联网环境下才能进行，因此学校必须根据教学的要求在采购翻译软件的同时，加强与社会企业合作的力度，定期组织学生进入翻译公司进行实习或者观摩，以便学生迅速地掌握翻译软件使用的方法。另外，教师必须在教学过程中引导学生掌握使用网络翻译工具，这样才能达到促进学生翻译能力稳步提升的目的。由于大多数领域的翻译名称都已经发展为固定的模式，因此快速、准确地完成文章的翻译是数字化时代对翻译人员所提出的最基本的要求。①

二、构建翻译教学互动平台

与传统英语翻译教学模式相比较而言，数字化时代下的翻译教学模式最大的

① 佟磊. 英语翻译理论与技巧研究 [M]. 长春：东北师范大学出版社，2017.

特点就是，其增强了教师与学生之间的交流与互动。这种全新教学平台不仅有助于课堂教学过程中教师与学生之间的交流与互动，同时也为教师与学生在课后的交流互动搭建了良好的平台。也就是说，数字化时代下的英语翻译教学不仅冲破了时间和空间对英语翻译教学的限制，而且教师在教学过程中充分利用网络社交平台建立的实时网络互动交流平台，同样为英语翻译教学的顺利进行奠定了良好的基础。此外，数字化时代下的英语翻译教学开展过程中，教师还可以利用与国内外网络平台连接的方式，通过平台发布自己无法翻译的问题，以便寻求专业人士和专家的帮助。这种数字化时代下的互动翻译教学平台的建立，不仅实现了信息资源的共享，同时也促进了学生学习积极性与主观能动性的不断提升，增强了师生之间协作力度，为翻译教学的顺利进行奠定了良好的基础。

三、翻译作业的布置

传统英语翻译教学模式的英语翻译教学，整个翻译教学的作业布置必须严格地按照以下流程进行：教师根据教学要求向学生布置翻译作业，学生完成作业后上交后由教师批改并进行讲评。同时，通过多元化开放式的英语翻译教学模式，教师除了可以布置与教材相关的翻译作业之外，还可以加强与翻译公司的合作力度，承接翻译公司的翻译业务，引导学生根据自己的学习兴趣选择自己最擅长的领域完成教师所布置的翻译作业。在学生完成教师布置的翻译作业后，由教师按照翻译公司的要求统一进行检查和质量把关，针对学生在作业完成过程中存在的问题及时地指出并加以纠正，才能达到促进学生翻译能力与水平的全面提升，为学生将来走上工作岗位奠定良好的基础。

四、翻译测试的多样化与市场化

传统英语翻译教学模式下的测试方法主要是教师出具翻译试卷，学生完成试卷，然后由教师打分的单一测试方式。这种单一测试方式的主要的目的是为了检测学生的背诵与双语转换能力。但是就实际情况而言，大多数情况下，翻译人员在翻译材料时往往只能依靠自身的记忆能力进行资料的翻译。在数字化时代，翻译教学不仅测试方法和内容灵活多样，而且随着计算机辅助翻译教学平台的建立，还可以根据学生的实际情况决定测试的时间，而学生在测试的过程中只需要充分利用自己日常学习过程中建立的小型资料库和相关专业术语，借助复杂翻译软件及网络工具，就可以顺利地完成测试。另外，如果学生在测试过程中遇到问题，也可以通过网络向专业人士寻求帮助，而教师则根据相关的评价标准对学生的测试成绩做出客观公正的评价即可。

总之，为了促进数字化时代英语翻译教学效率与质量的全面提升，必须加强翻译教学教材内容、教学方法、测试方法等各方面改革与创新的力度，以确保数字化时代翻译教学工作的顺利进行。传统翻译教学方式随着数字化时代的来临已经无法满足翻译教学的要求，因此教师必须深入分析数字化时代下翻译教学实践活动的特点，严格按照数字化时代翻译教学的要求开展英语翻译教学活动，才能有效促进翻译教学效率与质量的全面提升。

第二节　"交互式"英语翻译教学模式建构

随着社会经济的高速发展及素质教育政策的实施与开展，为了使学生的综合素质水平及主观能动性均得到有效提高，则需要探讨一些新的教学方法及教学手段来应用于教学活动中，从而使学生的综合素质水平以及主观能动性得到有效培养，进而使得学生将来能够更好地投身于社会主义经济建设活动中，继而为国家社会主义经济建设做出卓越贡献。交互式英语翻译教学模式对学生综合素质的提高有着极其深远的影响。在这种教学模式下，学生的英语综合成绩均得到显著提高，大大提高了英语翻译教学质量与教学水平。以下将交互式英语翻译教学模式的建构进行分析与介绍，从而全面提高我国学生的英语综合水平。

一、概述交互式教学模式的理据

（一）根据反思传统教学模式而创新的教学模式

翻译的过程是将第一语言翻译为第二语言或者将第二语言翻译为第一语言的过程，在这个过程中学生的思维会发生转换，因此，翻译教学不仅有效培养了学生的语言应用能力，而且还有效培养了学生的思维发散能力。一般情况下，学生如果很好地掌握与应用英语翻译能力，则前提需要具备一定的第一语言能力、第二语言能力，同时还需要具备一定的超语言能力。其中，超语言能力就是在第一语言与第二语言之间转换的能力。英语翻译教学活动就是培养学生语言转换能力的最佳途径之一，它使得学生能够拥有这种语言转换的能力；并且在翻译教学活动中，英语教师需要向学生传授各种翻译策略与技巧，从而使学生更好地发挥语言转换能力的作用。在传统的英语翻译教学活动中，授课教师只注重翻译教学的成效，而在教学活动的过程中却忽视了对学生思维能力的培养。一般情况下，传统的教学模式的具体操作流程如下：首先由授课教师讲解一些英语翻译理论知识，然后布置一些与翻译有关的练习，让学生在不断的练习中巩固与掌握翻译技巧。在这种教学模式背景下，不仅不利于学生综合素质能力以及主观能动性的培养，而且还严重阻碍教学质量与教学水平的提高。因此，通过反思与分析传统教学模式中的不足点以及缺陷问题而探讨新的教学模式，将传统教学模式的中的不足点以及缺陷问题进行调整与改革，从而探索出新的教学模式。其不仅需要培养学生的主观能动性及综合素质能力，而且还使得学生能够在新的教学模式下自主参与到教学活动中，从而有效提高自身的英语综合水平。

（二）根据建构主义学习理论启示而得出的新教学模式

交互式英语翻译教学模式是根据建构主义学习理论而推出的新教学模式，这种理论中强调指出："个体需要根据自身经验来对客观事物进行主观理解与意义建构。"因此，在英语翻译教学活动中，需要以注重学习过程为教学核心，杜绝一切现成知识的简单传授。由此可以看出，建构主义学习理论对英语翻译教学活动的启示有以下几点：首先，学生在英语翻译教学活动中占据着主体地位，而教师则是传授知识的主体，教师需要通过总结成功教学方法来将英语翻译知识以及技巧传授于学生，使得学生能够针对翻译知识以及技巧进行建构，最终成为自身的一种能力；其次，由于学生的学习过程是一种分析、解决问题的过程，所以，在英语翻译教学活动中，英语授课教师需要以培养学生自主分析与解决问题能力为教学重点，使得学生将来参与到社会活动中能够对身边的事物进行仔细观察与分析，从而找出其中所存在的问题或者规律，并且针对这些问题探索有效解决措施，这种能力的培养无论对学生的未来发展，还是对学生综合素质能力的提高均具有十分重要的意义；最后，在英语翻译教学活动中，学习是一项互动的活动，无论是授课教师与学生之间的互动，还是学生之间的互动，他们之间产生互相协助的现象，而这种互动行为不仅有效加速了英语翻译知识与技能的构建进程，而且还消除了学生学习的紧张心理，进而使得学生在互动学习环境下掌握翻译知识点与技能。

（三）根据交互式语言教学法的启发而得出的新教学模式

美国旧金山大学语言学院院长曾经提出交互式语言教学方法，这种语言教学方法通过相关实践报告证明，取得良好的效果，因此，这种教学方法得到各国家及地区学校的广泛应用，并有效提高了学生的学习成绩。这种教学方法主要以语言习得和教学理论为基础，强调授课教师需要结合学生的个性需求以及自身特点而采取有效教学方法进行教学，以激发学生的学习兴趣，并且使得学生与授课教师之间形成互动，从而建构生动的教学氛围，而英语翻译教学活动具有一定的互动特点，因此，该教学活动也可以应用交互式语言教学方法来进行开展，使得学生能够积极参与到英语翻译教学活动中，从而使得学生能够自觉吸收与掌握翻译知识与技能，进而有效提高学生的英语综合水平。[①]

二、探讨英语翻译教学活动中的"交互式"教学模式

通过上述内容可以了解到，在英语翻译教学活动中实施交互式教学模式，不仅符合该课程的特点，而且与学生的个性化需求相适应。这种教学模式主要遵循的是建构主义学习理论的原则而开展的，使得学生与授课教师之间的感情得到了增进，并且使得学生在轻松、生动的教学环境中自主学习英语翻译知识与技巧，从而使得学生在潜移默化的学习过程中逐渐掌握了该能力，进而大大提高了学生的英语综合能力，继而使得学生将来投身于社会主义经济建设活动中可以更好地创造价值。

综上所述，以上将英语翻译教学活动中应用到交互式教学模式的相关依据进行了分析与介绍，并且将英语翻译教学活动中的"交互式"教学模式进行了综合阐述。另外，希望通过本节的叙述能够为相关研究学者以及教育同人提供一定的参考借鉴，继而全面提高我国学生的英语翻译能力，使学生能更好地参与到社会主义经济建设活动中。

第三节 "互联网 +"环境下的大学英语翻译教学模式

如今顺应经济全球化的大浪潮，英语作为全球通用的语言之一在国与国之间的经济贸易中发挥着十分重要的作用。现阶段我国社会对翻译人才的需求量极大，可是大部分高校培养出来的翻译人才都只是刻板的生搬硬套，根本就不能满足社会对英语翻译人才的巨大要求，这就要求高效的英语翻译教学模式必须尽快达到成熟，使大学英语教学水平得以提升。大学英语教学模式的革新已是箭在弦上、刻不容缓了。

---

① 胡伟华，等 . 新编英语翻译理论与实践教程 [M]. 北京：外语教学与研究出版社，2018.

一、"互联网 +"技术影响下的大学英语翻译模式创新策略

（一）优化大学英语翻译课程体系

若是想革新首先就要从源头开始整改，否则无论做多少优化措施都会留下病根。若是想要创新大学英语翻译教学模式，首先就要优化大学英语翻译课程体系。教师可以向学校报备，通过开展英语翻译的选修课或者不定时地举办英语翻译讲座和英语翻译竞赛，帮助学生培养对英语翻译的学习兴趣，提高学生的英语翻译实践水平，让学生可以通过这一系列的实践活动获得对英语翻译课程的学习兴趣。同时，高校也要不断地更新大学英语翻译课程体系，使其能够尽快地应用到实际教学当中。学生在学习英语翻译的时候，教师要多次强调不仅要求掌握翻译的基础知识，还要进行更加专业的英语翻译学习，使大学英语翻译教学紧跟时代脚步，满足时代要求，不断更新教学理念，才能更好地满足信息化时代社会对人才培养的要求——培养和发展英语综合素质。

（二）引导学生学会自主学习

作为新时代的教育工作者，教师就要帮助学生培养获取英语翻译相关知识的信息搜集和筛选能力，提高学生英语翻译的综合能力，教导学生如何学会自主学习比直接传授学生知识对学生来说更有意义。教师对学生的帮助是有限的，只有学生在自己的一生当中不断发挥自主学习的作用，才能够终身成长。教师受以往的传统教学方式的影响把自己作为课堂的主体，但是现在随着新素质教育和新课改不断深化革新，越来越强调学生自主学习的能力。互联网将学生获取知识的渠道拓宽了，各种翻译工具和网络课程都能够帮助学生进行课外的自主学习，他们对英语翻译基础知识的获取不能仅局限于课堂。

（三）创新英语教学创新机制

教师可以通过多媒体播放英文原声电影，让学生在英文电影氛围的熏陶里全方面地了解英语翻译，教师可以陪同学生一起观影，在电影中出现的经典台词的部分暂停，讲解英文对比翻译，分析电影中比较精妙的翻译原则和技巧并告知学生，提高学生的书面翻译能力和口头翻译能力；或者可以选择播放一些英语原声的演讲片段，让学生当堂翻译这些演讲片段，并从中领悟到英语演讲中的一些好句，提高他们的英语翻译综合能力和批判性思维能力。

（四）搭建英语翻译实践平台

针对高校搭建大学英语翻译实践平台会受到阻碍的这一现象，现代信息技术

发展到现在好像已经解决了这一难题。学校不用再顶着强大的阻力帮助学生取得英语翻译实践的机会，可以通过开发微课资源打破学生进行英语翻译学习的时间和空间的限制，为学生提供更多的应用翻译的实践机会，帮助学生提高英语口语翻译和书面翻译水平。[①]

（五）借助报刊提高翻译能力

为了更好地帮助学生能够拓宽文化视野，增加他们生活使用的词汇量，教师可以有选择地引导学生阅读一些著名的英美报刊，比如《时代杂志周刊》《华盛顿周报》等，这些周刊中用词比较规范，词汇的复现率比较高，可以很好地锻炼学生对新词的内化能力，帮助学生多次接触并记忆这些比较固定的单词和句型，从而形成英语翻译的条件反射，对提高学生的翻译水平有极大的推动作用。这些英美报刊主题比较广泛，内容可能涉及多个领域，学生可以根据自己的专业不同掌握他们自己专业领域内的翻译理论和技巧；同时，学生也可以善加利用网络报刊进行学习，通过这些网络资源可以对网络上的英美报刊进行英汉翻译，为他们以后即将进行的英语翻译提供丰富的语料库。

（六）培养中西文化差异意识

教师可以帮助学生筛选出具有鲜明英语语言特色的影视短篇或文章，引导学生用直观的感受去体验中西文化的差异，学生必须熟知两种思维方式的差异，在进行翻译的过程中要妥善地措辞和造句，避免出现具有汉语思维的英语翻译。若是有条件的话，教师还可以带领学生去以英语为母语的地方真实地体验当地的思维和文化，培养学生跨文化的意识，为学生能够顺利进行中英翻译打下坚实的基础。

二、打造新的英语翻译教学模式

目前有一种全新的英语翻译教学模式引发了大部分的教育工作者的思考，这种模式叫作翻译工作坊。教师通过布置任务，采用小组间合作进行学习，引导每一个小组的学生在课堂中完成各种各样的学习任务，通过这种方式学生可以有效提高合作意识和英语学习的综合素质。

（一）创设情境

教师可以帮助学生模拟将来的工作环境，把教室用课桌分隔开几个工作区域，每组占据一个区域并配备工作计算机，在计算机中安装好辅助的翻译软件和多媒

---

① 张维友 . 英汉语词汇对比研究 [M]. 上海：上海外语教育出版社，2010.

体，在仿真的工作环境中教师可以模拟学生的上级，定期验收学生的翻译作业，与学生进行讨论交流，让学生分组汇报演示翻译的成果。

（二）导入任务

教师首先要给学生分配任务，让学生通过独自或者合作去解决现实的翻译问题。教师在分配任务的时候要像学生日后工作的上级一样做出一些必要的指示和指导，帮助学生明确背景和翻译风格，事先指出翻译中可能遇到的问题，确保学生能够成功地完成这项翻译任务。为了节省课堂时间，翻译任务的布置可以在课前通过电子邮件或者微信群提前分配下去，至于这些翻译任务也最好是采用应用型的文本，比如，竞标标书和商务合同等，最好可以用到翻译公司的真实材料，这样可以帮助学生熟悉应用型的翻译文本，同时又能满足市场对翻译人才的要求。

（三）完成任务

为了了解这些文本写作的固定格式中的文体，学生也可以参考其他的学术网站，用词必须简洁、准确，尽量做到各类人群都能读懂。学生在完成任务的过程中可以通过小组合作讨论，也可以充分发挥自主学习能力对译文进行修改和完善，最终由小组内部投票选择递交出最为合格的译文。在翻译的遣词造句方面要突出应用性和专业性。比如，在进行药品说明书的翻译过程中，可以首先利用电子词典或者翻译软件进行专业术语的翻译，这样可以准确地表达说明书中想要表达的内容。若是学生在进行翻译的过程中遇到了困难，可以向老师寻求帮助，或是参考网上的类似表达，经过小组讨论之后得出更为满意的译文。为了追求翻译工作的真实感，可以把翻译公司里的操作流程直接照搬到课堂中来，学生可以分别进行角色扮演，扮演客户、项目经理、翻译员等角色，处理翻译公司中可能遇到的各项业务，比如修订合同、分派任务、译文起草、编辑排版、定稿交付，等等，这些角色扮演也可以让学生学习到如何真实地处理公司事务。

（四）反馈与评估

教师对学生的译文进行验收之后，可以展示几组译文让全班同学一起评析，让学生自行讨论这些译文的优缺点并评选出最佳译文，学生的期末成绩也可以参考这些课堂任务，教师可以针对学生在工作中的表现进行综合评价，甚至还可以通过扮演客户对委托项目进行评价，并把这项评价也作为学生期末测试的一个参考。这样，在提高学生翻译实践能力和实效性的同时还能培养学生的职业素养。

若是大学英语翻译教育想要培养出真正的翻译人才，就必须结合互联网相关技术，全力促成教学模式的改革，才能够帮助学生培养英语翻译的综合能力。

第四节　合作学习理论下的大学英语翻译教学模式

本节从合作学习的定义和理论基础出发，探讨了合作学习在大学英语翻译教学中应用的必要性，阐述了合作学习在大学英语翻译教学中具体应用的三个阶段：合作翻译前的准备阶段；合作翻译中的管理阶段；合作翻译后的评价阶段。①

一、研究背景

教育部颁发的《大学英语课程教学要求》已经明确将翻译、听力、口语、阅读和写作并列为非英语专业大学生应该掌握的五大英语技能，并对不同水平和层次学生所应该达到的翻译能力提出了具体要求。但是，大多数大学英语教师并不重视学生翻译能力的培养，翻译教学的素材多为英语精读课上的课文翻译或是课后练习中的句子翻译练习，采用的教学方法仍然是传统的语法翻译教学法，主要目的是考查学生对课文大意的理解、复习巩固文中所学的词汇、短语和句子结构，几乎没有翻译技巧方面的相关教学，学生的翻译能力也就无法得到有效提高。

本节以培养和提高非英语专业学生的翻译能力为落脚点，探讨了合作学习理论在大学英语翻译教学中应用的必要性和具体教学模式。

二、合作学习理论概述

（一）合作学习的定义

合作学习兴起于 20 世纪 70 年代初的美国，并在之后的 15 年中逐渐获得了实质性的发展，成为一种完善的教学理论与策略体系。合作学习以教育学、现代社会心理学和认知心理学等为理论基础，以小组活动为基本的教学方式，以完成共同的学习任务为首要教学目标。在具体教学中，各小组成员之间责任清晰、分工明确，通过合作性学习完成共同的任务。由于最终以小组为单位进行成绩评价，合作学习将学生的个人利益和小组的集体利益紧密结合在一起，有助于培养学生的合作精神和积极认真的学习态度，同时也有助于培养学生探索、发现问题和分析、解决问题的能力，为以后培养高素质的应用型人才打下了良好的基础。

---

① 高晓芳．英语语用学 [M]．武汉：华中师范大学出版社，2008.

（二）合作学习的相关理论基础

1. 建构主义学习理论

建构主义理论强调以学生为中心，认为学习是学习者主动建构内在知识体系的过程。在这一过程中，学习者并不是机械地记忆外界知识，而是以已经具备的经验和知识为基础，通过主动对外界知识进行选择加工来获取和建构新的知识。建构主义学习理论的教学主张可归纳为以下 4 点：①教学要以学生为中心，着重强调学生的主体作用；②基于实际情境的知识具有生动性、丰富性等特点，教学中应该尽可能构建真实的学习情境；③重视共同协作学习，强调学生之间相互讨论和相互学习的积极作用；④教学中要重视教学环境的设计，尽量为学生提供丰富的资源。

2. 最近发展区理论

最近发展区理论是由维果茨基提出的，他将儿童的心理发展划分为实际发展水平和潜在发展水平。实际发展水平是儿童现阶段真实的心理发展水平，而潜在发展水平则是儿童在别人帮助或与同伴合作下所能达到的心理发展水平。实际发展水平与潜在发展水平之间的差距就是最近发展区，具体到外语教学中，最近发展区指的是学生现阶段英语水平与通过教师或同学帮助后所能达到英语水平之间的差距。当不同学生在彼此的最近发展区内进行合作学习时，会取得远高于学生独自学习的效果。因此，不同水平的学生可以通过合作学习取长补短、相互帮助，共同提高学习质量。

综上所述，合作学习理论以建构主义学习理论和最近发展区理论为基础，对教学过程中教师和学生的地位进行了重新界定。教师不再是课堂的主宰，学生已成为课堂的主体，在合作学习中，学生不是被动地接受外界知识，而是在教师或其他同学的帮助下主动去构建新知识。[①]

三、合作学习在大学英语翻译教学中应用的必要性

从目前的大学英语课堂教学来看，翻译教学的地位并没有得到足够的重视。尽管现在的大学英语教材每个单元课后都有单句翻译练习，但这些翻译练习实际上是一种造句练习，目的是检查学生能否熟练运用课文中所学的词汇或语法知识，与真实翻译任务的要求还相差甚远，根本无法有效培养学生的翻译能力。

自 2013 年 12 月起，全国大学英语四、六级考试委员会已经对四、六级考

① 杨丰宁. 英汉语言比较与翻译 [M]. 天津：天津大学出版社，2006.

试的试卷构成和考试题型进行了调整。其中，翻译的试卷比重由 5% 提升到了 15%，题型由单句汉译英调整为段落汉译英，翻译内容涉及中国的文化、经济、历史、教育和社会等多个方面。在这种形势下，如果继续采用语法翻译教学，就会导致学生在翻译过程中逐字逐句地过度直接翻译，不利于培养学生在真实语境中的翻译能力。因此，必须尽快转变大学英语翻译教学模式，将合作学习尽快应用到大学英语翻译教学中，调动学生翻译学习的积极主动性，让学生在小组合作翻译中逐步提高翻译能力。

四、合作学习在大学英语翻译教学中的具体应用

合作学习在大学英语翻译教学中的具体应用主要包括以下三个阶段：合作翻译前的准备阶段、合作翻译中的管理阶段及合作翻译后的评价阶段。

（一）合作翻译前的准备阶段

这一阶段主要包括小组分组、任务确定和翻译相关知识讲解。在小组合作开展翻译任务前，教师首先需要根据学生的性别、英语水平、学习风格等进行合理的分组。其次教师需要广泛收集材料，确定合适的翻译素材，并设计具体的翻译任务。最后在翻译任务开始之前，教师还需在课堂上抽出一定的时间提前对翻译素材中的重点及难点进行讲解，排除学生在翻译文本特征、翻译技巧等方面的难题，为接下来的小组合作翻译指明方向。

（二）合作翻译中的管理阶段

这一阶段学生需要合作完成共同的翻译任务，教师主要负责推动和管理整个合作翻译的过程，并在必要时提供帮助。

学生的翻译过程包括小组成员独立翻译及小组讨论两个方面。拿到翻译任务后，小组成员可以通过讨论来加深对翻译素材的理解，之后，小组成员可以依靠自己所掌握的语言知识和翻译方法去独立完成翻译。在翻译过程中，学生可以适当地借助字典查找个别术语的对应译文，也可以向小组成员或教师求助翻译中的部分难点，但是总体上必须独立完成翻译任务，不能过度依赖小组成员或教师。

在小组成员分别独立完成翻译任务后，小组可以就译文展开讨论。小组成员可以从选词、句型、语法等方面进行交流，互相学习、取长补短。同时，针对大家在翻译过程中遇到的困难再进行探讨，并将翻译时的具体思路和采取的翻译技巧记录在翻译笔记上。最终在小组合作的基础上给出大家都认可的译文。

（三）合作翻译后的评价阶段

评价在合作学习中产生的作用十分重要，有效的评价能够激发和提高学生学习的兴趣。合作学习中的评价包括小组互评和教师评价两个方面。

评价工作首先应在各个小组之间进行，在完成翻译任务后，各小组可以相互批阅译文，学习对方译文的出彩之处，并对对方译文的不足之处提出相应的修改意见。小组互评完成后，各小组以 PPT 的方式在全班汇报最终译文，并对翻译过程中的具体思路和翻译技巧等进行解释说明。在每个小组汇报之后，教师一定要对学生的译文进行合理的评价，要不吝于赞美学生译文的精彩之处，但也不能无视学生译文中的错误，要给出建设性的修改意见，引导学生去发现翻译的规律，总结相应的翻译方法和技巧，最终促使学生翻译能力提高。最后，教师和学生要共同对各个小组的译文进行评分，对于优胜的小组要给予一定的奖励，给予学生翻译学习的动力。

综上所述，合作学习有助于改变以教师为中心的传统大学英语翻译教学模式的种种弊端，真正实现以学生为中心的大学英语课堂。通过将合作学习应用到大学英语翻译教学中，学生以小组为单位完成翻译任务，翻译过程中学生既可以独立进行翻译练习，又可以通过互相讨论学习如何翻译，在合作中逐渐提高翻译能力。

第五节　基于语料库的大学英语翻译教学模式

本节主要研究基于语料库的大学英语翻译教学模式，分析语料库在大学英语翻译教学中的实际应用价值，并提出了语料库在翻译教学中的应用策略，旨在降低学生单词学习压力的同时迅速提升学生的翻译能力。

一、语料库在大学英语翻译教学中的应用价值

近年来，国家在英文翻译方面的人才缺口很大，各行各业都需要专业性强、综合素质高的高级翻译人才，而英语专业学生对其他行业内专业英语的掌握程度往往不如本专业学生，缺乏其他专业知识背景，因此翻译能力的培养不应该局限于英语专业，同时也应该培养掌握核心专业知识的翻译人才，以适应社会与市场对专业英语翻译的需求。这里的专业并非英语专业，而是其他行业，如建工、机械等行业的英文翻译，都有着很强的专业性，要求翻译工作人员在掌握基础翻译

能力的同时还要掌握十分深入的行业知识。这一部分翻译人才不能仅仅依靠英语专业，工科专业学生自身的翻译能力培养也是十分必要的。

基于语料库的大学英语翻译教学就是一种普适性的英语翻译教学方法，不仅仅局限于英语专业。学生在经过教师的演示与指导之后，能够借助语料库，更加全面、详细地了解英语与汉语的特点、差异以及不同译文在句子结构、语言风格和词汇运用方面的差异，能够自发或者在小组成员帮助下及时发现相关翻译问题，从而可以快速提高翻译能力。

二、基于语料库的大学英语翻译教学方法

（一）教学思路

应用语料库的大学英语翻译教学采用数据驱动的教学方式，符合建构主义教学模式的基本要求，因此基于语料库的翻译教学要将建构主义思想充分发挥出来，改变传统的教学理念。教师要充分应用语料库，为学生展示应用语料库进行翻译学习的便利，向学生传授语料库的正确使用方法，还要开展必要的培训，之后鼓励学生自主应用语料库，解决实际翻译问题，认真进行分析、总结。教师可以组织学生形成学习小组，在教师的协助与引导下，逐渐积累翻译知识，在必要的联系强化下巩固翻译认知结构。

（二）在词语搭配教学中的应用

词语搭配是语料库语言学的中心，在大学英语教学中，词汇的学习、应用和搭配也是重点内容，但是在教学过程中却存在着教学方法相对单一的问题。很多教师都只在对词汇的基本含义进行讲解之后向学生介绍一些相关的搭配方式，这一类搭配可能是一些约定俗成或者来自字典的用法，虽然不会存在语法方面的错误，但是在翻译工作中却可能存在问题，也不利于进行准确、恰当的沟通。

如教师在讲解 adapt to 和 be adapted to 这两个短语的搭配时，就可以让学生使用语料库进行相关句子的检索，出现类似如下结果：

（1）He tried hard to adapt himself to the new conditions.

（2）He has not yet adapted to the climate.

（3）Failure of big companies is adapted to changing circumstances is one of the fundamental puzzles of business world.

在这几个例句中，学生通过阅读和翻译，就能够感受到这两个短语之间的不同，adapt to 是这个词的及物动词的用法，一般为 adapt oneself to，表示适应、改

变，而 be adapted to 是这个词的不及物动词的用法，表示被动的适应。在对检索结果进行分析、理解过程中，有效锻炼了学生的观察能力、分析能力和语言能力，通过对词语搭配的深入研究，学生能够了解词汇搭配的基本逻辑规律。[①]

（三）基于语言频率的词汇教学

语料库凭借其强大的统计能力，能够十分直观地为使用者提供语言词汇的应用频率，通过对词汇出现频率的分级，词汇可以分为最常用、常用、不常用等几类，虽然这样的统计结构是机械的，但是对翻译教学来说，使用语言频率找寻高频高价值词汇，能够在短期内通过对高价值词汇的教学，让学生迅速掌握 80% 左右的普通文本表达和翻译的能力。语料库中有着大量的语言素材，教师通过对单词的检索，能够了解单词在语言素材中出现的频率，分辨高频词汇和低频词汇。一般来说，出现频率最高的前 4000 个词汇组成了整个语言文本的 86.8%，而前 2000 个词汇组成的语句占据全部语言文本的 80%，这部分高频词往往都有着词长度小，语言表达基础、日常的特点，也是价值最大的一部分词汇。经常出现在词表顶端，从心理学角度来讲，基于顶端的词汇往往更容易被人记住，一定程度上对学生高频词的掌握也有很大的帮助。通过对语言频率的应用，教师能够优化教学中的词汇结构，让学生在掌握较少的词汇量的同时，也能掌握非常大的普通文本的表达和翻译方法，这对实现高效率的大学英语翻译教学有着重要的促进作用。

使用基本语料库的教学方法，能够有效锻炼学生自主学习、发现和总结的能力，加深对英语语境的理解，形成英语思维。基于高频词汇的词汇教学能够让学生在短时间内掌握覆盖 80% 普通文本的高频词汇，通过学习高价值词汇提高词汇学习的效果，是一种高效率的大学英语翻译教学方法。

第六节　基于认知语言学的英语翻译教学模式

现阶段高校英语翻译教学中普遍具有被动性和固化性，采用认知语言学作为改良现有英语翻译教学模式的主要理论思路，并通过该思路对高校的英语翻译教学模式进行研究。从研究结果来看，在认知语言学理论优势的支持下，优化后的英语翻译教学模式明显具有质量化、综合化提升的趋势。

国家将大学生英语四级考试的翻译题目增加了整体性难度，即将原有的短句

---

① 于根元. 应用语言学概论 [M]. 北京：商务印书馆，2003.

翻译变更为阅读翻译。虽然从短期来看，这种形式就是调整了英语翻译考试的基本模式，但实际上这种朝着应用化方向的改良正是昭示着国家未来对于翻译人才的质量需求会越来越朝着全面化的方向发展。对此，本着提升人才培养实际质量的原则，高校内教学人员有必要在现有基础上将认知语言学作为深入研究的理论背景，对英语翻译教学模式进行优化层面的分析研究。

一、认知语言学的理论内涵及其应用价值

认知语言学是一门语言学科，其以组合形态在研究领域中占有绝对的核心定位。在其"结合"的理论状态中，语言学＋心理学是其最主要的组合形态。认知语言学的理论内涵实际上是具有一定哲学特征的。研究人员认为，认知语言学是以经验哲学作为基础，将语言的形成和传播过程定义为依靠习惯和认知而存在。换言之，认知语言学就是以人类对一切事物的认知作为基础，认为人类是在不断认知、不断调动认知的基础上，从而掌握了母语和第二语言的。相比简单的记忆学习，研究者更偏向于辩证语言的习得是以"心"和"理解"为基础的常识调用活动，一些习得过程都将建立在对本身概念的理解之上。也就是说，只有当人们对一个事物、一类事件有明确的经验和个人见解时，人们才能够掌握应对这类事物或事件的语言。认知语言学还指出，即使是一门语言的形成以语音和句法等根本含义为主，但其形成也必然是建立在客观真实条件下的，与人类主观意识和保有的知识系统有着密不可分的哲学过程。①

二、运用认知语言学理论，创新英语翻译教学模式

（一）教学前阶段

在教学前阶段，教师需要运用一些简单的手法将学生大脑中对于英语翻译的经验印象加以强化。首先，教师可以运用互联网资源，可在校内的资源平台上，或以班级为单位的社交软件平台上发布有关下堂课的基本内容和教学大纲。其次，教师应要求学生在实体课堂开课前，对发布内容中的知识点进行充分理解和阅读，当学生对部分知识内容有理解不通的疑问时，可以自己先行上网查找资料或查询书中可以引用的资料内容，自发性地对疑问知识点进行自我分析。在这种方式下，英语翻译基础能力较高的学生就基本能够通过自学对翻译分项内容产生比较熟练的细致的状态。而在对新翻译知识点进行理解的过程中，学生为了达成"理解"

① 武锐 . 翻译理论探索 [M]. 南京：东南大学出版社，2010.

这一举动，就会根据所见内容在大脑内进行经验的检索，从而在探寻初、高中语法知识和翻译知识的过程中，完成对认知语言习得思维的过程体验。

（二）教学过程

在应用认知语言学过程中，教师必须要稳抓教学"过程"的作用优势，在突出优势的理论定向内容设定中，教学人员可以将思路分解为两类：一是求同；二是存异。求同就表示，教师需要在讲解翻译技巧和翻译要点的过程中，通过中外对比的方式，在板书上或PPT上将中外翻译的特色展示出来，也就是从更加清晰的角度令学生明确汉英翻译的"相同"思路。如汉语和英语思维中都存在的"主谓宾"形式，能够充分调动学生语言学习得经验中对于汉语词汇属性的记忆点，从而令学生在熟记英语翻译逻辑中的词汇属性时，能够更加具有联系性地进行记忆，也就更能够突出记忆点中的习惯和经验价值特征。而存异也同样是通过立体化对比的形态，让学生能够更加突出"不能使用"的翻译语句和语法内容。基于此，教师同样需要采取更加贴近于学生经验的比对内容，调取学生常规知识中的印象，将学生翻译思维中对于汉语语境的经验加以提取，而后使用突出存异的方式，将新学到的翻译知识与经验知识相关联，从而为学生在大脑内和英语翻译思维逻辑中呈现出更加简单的识记效果。

（三）练习过程

课堂练习是"五步教学法"中的重点内容，其意义在于能够通过精化学生英语翻译知识保有度，将学生对当堂所学知识的记忆真正移动到"可应用"层面上的重要课堂流程。在课堂练习环节使用的所有测评和练习内容，都需要教师以所学知识范围和难易度进行科学化、规律化的编制。而后在实际的练习过程中，教师要使用比较简单的翻译内容作为铺垫，充分遵循认知语言学中有关"语言能力的所得必然是从简单的认知再到概念知识的过程"这一论点。因此，教师需要充分考虑到学生的认知过程、语言结构等各个层面，以循序渐进的方式逐渐提升学生在英语翻译层面上的掌握程度，彻底改变学生死记硬背的学习方式。

（四）课外学阶段

1.需增强对词汇记忆的关联能力

在英语翻译的过程中，类似于文化习得、技巧习得等层面固然具有重要的作用。但词汇是构成英语语句的最根本元素，因此，教师在优化教学模式的过程中，还应该在课外环节加深学生对词汇记忆的关联能度。首先，教师可以通过使用阅读记忆的形式加深学生对小范围词汇的经验印象，如可使用课上所学阅读翻译内容中的生词，令学生在有一定汉语印象的条件下对这些生词进行重复记忆。其次，教师也可以使用信息化的教学辅助资源，从而以图像的形式，提升学生对部分范围内单词的深度印象。

2.需提升学生对英语文化背景的认知能力

在认知语言学的哲学思论范围中，当涉及多方文化交融习得时，学习者除了要调动对汉语的语言经验外，也需要对英语文化和语境进行充分的了解。如此学生便能够在建立双语思维语境的条件下，提升自身对于跨文化语境的翻译反应程度。对此，教师可以引导学生观看与英语历史文化相关的影视作品，如《生活大爆炸》中就包含了许多科普类的历史文化，同时主人公"谢尔顿"的天才人设也能充分保证情节中所含历史文化的正确性价值。当学生能够对英美文化有深入的了解时，就自然能够在课堂环境中直接建立与翻译语境相关联的思考内容，免除掉参与英语翻译教学过程中出现认知偏差的现象。

第七节　基于双语平行语料库的商务英语翻译教学模式

在当前的经济全球化背景之下我国的经济对外交流活动不断增加。在交流中，商务英语是主要的交流媒介，因此当前各大学开始重视对商务英语的教学和培养。但是，由于我国商务英语教学发展实践较短，教学体系和模式所含结构存在许多不完善之处，导致当前商务英语翻译质量较低，难以满足企业的国际化交流需求。在未来的发展中，高校结合双语平行语料库对商务英语翻译教学模式进行优化设计，丰富教学过程中的语境和翻译意识，有助于教学质量的进一步提升。

一、理论基础

双语平行语料库是在教学中将语言的学习、翻译实践及语言知识结合组成的教学理论，其在教学中使用建构注意对教学中的主动性进行强化，并针对学生的相关的语言学习和翻译经营来诱导学生形成合理的语言架构。双语平行语料库在当前我国的商务英语翻译教学中进行了使用，并有效地提升了商务英语翻译教学的进行质量，但是这一教学方式的发展和推广尚存在不足之处。商务英语教学中可以获取的语料库数量较少，且难以将语料库的内容融入教学过程中。借助双语平行语料库进行的翻译教学使得教学模式与传统教学过程存在一定的差异，因此当前教师一般根据不同的商务英语内容选择合适的语料库内容。

双语平行语料库中的理论资料内容十分丰富，可以帮助学生在学习中获得更为丰富的教学资料支持。在实际教学中，教师会借助双语平行语料库作为教学资料，围绕学生的学习过程来设计合适的教学模式，以此提升学生使用语料库的积极性。双语平行语料库的使用和支持使得商务英语翻译教学过程的教学主动性有所提升。

二、商务英语翻译教学的目标

在当前的商务英语翻译教学中，其教学模式的主要目标是通过具备商务英语使用和翻译经验的教师的教学和带领，使得学生可以提升自身的双语知识水平和翻译能力，培养自身对双语文化素质以及审美能力等。当前商务英语的教学主要目标如下：①对学生英语翻译学习和使用的兴趣进行培养，提升学生的商务英语翻译水平。②借助语料库中的英语文章分析和对比等方式来对当前学生使用商务英语的能力等进行规范和提升。③通过使用不同译本来提升学生对不同翻译模式进行对比辩证，提升学生的翻译和辨别能力。④通过学生的语料库分析和观察丰富自身的翻译技巧，提升学生的翻译意识。⑤培养学生高效使用翻译工具如词典等的能力，方便学生未来在翻译工作中的使用。⑥在学习过程中商务英语翻译中的工具使用及翻译技巧的联系，学生可以提升自身对商务英语翻译技巧的掌握质量，提升学生的英语翻译能力。[①]

三、教学模式的构建

双语平行语料库中包括学生的母语以及商务英语，在英语学习过程之中，学习者仍然习惯于使用母语的思维方式和使用习惯，由于两种语言的语法、词语使用等存在不同之处，使得母语的使用习惯会影响英语的学习。在英语学习过程之中过多使用母语的语言规则和思维会影响学习者对于新的语言知识的学习和接受，因此，在部分研究之中也将英语学习过程中的母语迁移作为负迁移的一部分。

当前的商务英语学习过程中较为流行的学习方法是回避母语使用的教学方法，可以在学习过程中避免母语思维和使用习惯对商务英语学习造成的影响，主要包括直接法、听说法、视听法等教学方法。直接法的使用提倡在学习过程中使用目标学习语言进行交谈和阅读，强调在学习过程中不应当使用母语作为翻译和注释，以免造成母语思维的影响。这种学习方法的主要指导思想是直接认知思想，

---

① 何江波. 英汉翻译理论与实践教程 [M]. 长沙：湖南大学出版社，2010.

其认为在学习过程中的最佳方式就是在纯粹的商务英语语言环境之中进行学习，有效避免母语的影响。

（一）母语对商务英语学习的影响

在商务英语学习和教学过程之中，由于语言知识、语法的教学不同，商务英语语言文化知识的地位较低。在学习过程中，随着学生商务英语语言知识和语法使用的熟练，商务英语文化的地位开始逐渐提升，在这个过程中学生会形成目的性的语言文化。同时，为了进一步提高商务英语使用的熟练度以及目的语表达习惯，商务英语文化语境受到了教育者的统一使用，母语文化的地位也在逐渐降低。商务英语学习的主要目的是实现文化和语言上交流的简便，文化交流过程是一个双向的过程，既包括对商务英语文化的了解，又包括对母语文化的推广。在国际文化背景之下，母语文化在商务英语语境之中也开始有了影响，因此，在商务英语学习过程中不应当把标准化语言语法的习得作为目标，而是应当以商务英语和母语的共同使用和学习作为目标。在商务英语学习过程之中，单纯的商务英语环境学习使得母语文化和技能逐渐缺失，这对于学习者的文化交流行为是不利的，在未来的学习过程之中应当避免这种现象的发生。

在商务英语习得的过程之中，不管学习环境如何，学习者都不能完全客观地、不使用母语知识完成信息转换和交流过程。在语言信息的交流过程之中发生的是由商务英语向母语之间进行信息的转换，其发生不仅取决于母语和商务英语之间的语法和意义差距，还取决于商务英语习得者的个体文化倾向。假如学习者的个体文化无法完全理解商务英语内容或是背景文化映射的内容，就会出现文化知识理解的不全面，使得习得者难以全面理解交流过程的内容，大量的信息遭到遗漏。假如在商务英语习得的过程之中，学习者的个人文化可以有效理解交流过程中的文化知识，就可以更为高效地实现文化的交流和理解。个体文化的缺失会造成商务英语学习过程中的雷同现象，相似文化之间的混杂使得商务英语学习质量受到影响。因此，在当前商务英语习得的过程之中，商务英语文化的学习也成为商务英语习得过程中的重要项目，通过阅读目的语言文化背景下的文化资料可以更为高效地实现目的语文化的建立。

（二）学习模式的建立

商务英语习得者在学习过程中一般是通过语言文化背景学习的方式来接触目的语言的背景文化，在接受过程中，其主要是以目的语使用者的文化角度进行学习和了解，在文本化的过程之中，目的语文化经过了较大的抽象和提炼处理，与当前时代中的文化特征存在较大的差异。因此在学习过程中，商务英语习得者常会由于文本化的目的语文化介绍而形成对语言文化的刻板印象，从而出现文化失真的现象。文化失真不仅会发生在目的语的学习过程之中，母语文化的失真也是在当前的文化交流和目的语学习过程之中存在的普遍问题。学习者的接受性使得文本之中的印象会形成较为刻板的文化形象，造成文化失真的连锁反应。

语言学习过程实际上属于对语言知识的认知过程，在学习过程之中，母语的语言知识是学习目的语的语法使用技能的基础，也是实现商务英语学习的认知基础。在认知心理学的研究中，研究人员认为图式是完成认知过程的基础，在学习和认知过程中，学习者可以根据图式对所要学习的信息进行组织和吸收。在语言学习中，主要完成的学习过程包括同化和顺应两个步骤，同化是指在学习中将需要学习的信息知识纳入当前已知的知识体系之中，在扩展知识体系的同时完成对新知识的了解使用；顺应是指在学习之中，假如旧有的知识体系无法满足同化新信息的要求，此时应该进行调整改造，建立新的知识体系图式。

在商务英语习得的过程中，学习者的母语认知体系处于不断的扩展和改造调整中，其可以借助知识体系的调整来完成母语认知和商务英语认知之间的转换。在当前的教育研究之中部分研究人员认为母语思维并非降低商务英语学习过程效率的影响因素，在学习中母语思维起到的是认知模式的调整作用。在学习中其主要的价值是在认知过程之中采取合适的手段来在母语思维和目的语思维之间进行转换，熟练掌握目的语的知识。学习者在接受目的语的语言知识和使用习惯的过程之中，可能在初期需要使用母语作为语言思维的中间转换工具，在逐渐熟练之后，就可以实现对目的语使用习惯的正常运用。当前在商务英语学习过程之中，部分学习者会在实际时受到母语语言习惯的影响，实质上，这种影响是学习者使用母语来协助对语言的理解的过程。在商务英语学习中，母语知识的合理使用可以借以过渡，逐渐熟练之后就会逐渐减少。

当前在商务英语学习和教育过程之中出现较多的一种观点是在学习中要脱离母语思维，这样才能提高对目的语言的掌握和使用程度。受到这一观点的影响，当前在学习中学习者常会受到母语思维使用的影响，母语思维在理解和使用中的参与是否会造成商务英语学习质量下降是当前部分学习者所担心的问题之一。实际上，在商务英语学习过程中母语思维的介入和使用是学习之中不可避免的现象，是母语语言思维的认知单元参与语言学习的过程。据研究发现，学习者在进行商务英语阅读和交流过程之中使用母语思维的频率较高，常用于对外文文章内容的翻译、总结及评价。在商务英语学习和理解过程之中母语思维单位参与的主要作用是认知协助和认知监控，提升学习者的理解深度。在认知学的研究中，元认知是对认知过程的认知，是学习过程之中个人对自身认知学习过程的监控和管理过程。在学习中，学习者可以使用元认知来对学习过程的认知策略和学习方法进行调整。元认知的存在可以更好地帮助商务英语学习者调控自己的学习过程，提升自身对于目的语言语义、使用思维以及认知过程的熟练度。通过学习过程中的元认知意识调整，学习者可以反思自身的学习过程，高效地完成商务英语学习，促进商务英语思维的形成发展。

在商务英语学习过程之中，要提升对目的语文化和思维的掌握程度，提高在交流过程中对文化的认知情况，就需要在学习的过程中充分了解目的语言的使用习惯和文化背景。如上文之中所分析的，当前在商务英语学习过程之中主要使用的方式是书本资料的学习。书本资料作为前人的总结，作者对于自身母语文化有较深的了解程度，从而使得文章之中文化叙述可以造成较为深厚的印象，在长期学习过程之中会使学习者形成对目的语文化的刻板印象，这样不利于进行文化交流。在当前的学习过程之中，由于认知学的传统母语负迁移观念的深入人心以及直接法教学流派的影响，当前的商务英语教学之中母语文化的参与度不高，常被认为是可有可无的存在。在教学过程之中盲目排斥母语使用和母语文化学习的观点使得商务英语学习过程中母语文化素养降低。当前有研究人员指出，在商务英语学习过程中母语文化的缺乏会使外语语言文化学习能力不足，还会影响商务英语使用能力。因此，在学习过程中合理使用母语文化可以有效促进商务英语学习的质量。不同文化之间存在目的和形式上的差异，在学习商务英语文化的过程之中可以使用母语文化之中相近或是不同的文化观点作为参考和对比，提高对商务英语文化的掌握情况。同时，不同语言之间存在共性，其决定了母语是外语学习过程之中不可缺少的基础，是应当合理利用的资源。在跨文化的语言学习过程之中，有意识地对两种不同文化进行对比分析，以母语文化作为学习中的参照可以提升商务英语掌握质量，建立完善的语言体系。

在商务英语学习过程之中，学习者不仅会逐渐提升对目的语文化的了解，随着学习过程之中对外语文化的了解逐渐加深，使得学习者对母语文化的掌握也有了一定的提升，商务英语学习的过程等同于一个文化交流的过程，目的语文化和母语文化都会得到理解和掌握程度上的提升。语言能力培养是商务英语习得的主要目标，但语言背景中的文化因素才是语言交流的实体。失去文化的支撑，语言将会寸步难行。目的语文化在商务英语习得的过程中已经有所体现，然而，母语文化却经常被孤立或排斥。母语文化失语、个体文化缺失、文化失真等问题在商务英语习得中不同程度出现。要保持目的语文化与母语文化的平衡，实现两者之间的互通交流，就必须适度地拓展母语文化，通过多元文化互动、个体文化介入、母语文化重建等方式维持目的语文化与母语文化之间的生态平衡，在动态的循环中淘汰旧的文化形态。①

（三）双语平行语料库驱动下的语句翻译教学

英语和母语往往存在一些语句结构上的差异，会给学生的学习过程造成影响。由于教学内容的限制，当前商务英语的翻译教学中，教师无法全面地对母语和英语之间的语句结构等内容进行解释和对比，影响了学生翻译能力的提升。在当前的商务英语翻译教学中，教师可以借助双语平行语料库对相应的英语和母语例句进行对比和参考，方便学生对相关的语句语境及结构上的差别有充分的了解。借助教师在课上使用的对比例句，教师可以帮助学生对母语中的不同字和词的使用技巧进行了解，并借助课上的学习和联系，逐渐实现翻译能力的不断提升。

借助双语平行语料库，教师可以帮助学生对商务英语中不同长度的句子以及词汇等进行比较研究方式，了解不同句子之间的相同和不同点，优化自身在未来的英语翻译中的技能熟练度，提升教学质量。针对不同的文章和结构，培养学生宏观思维的方式也存在差异。针对记叙文的写作，教师应当遵循如下几个原则进行培养：①需要培养学生提炼文章共性的能力，学生在日常阅读过程中接受的记叙文在结构和知识上有一定的共性，学生自身的认知能力可以将文章中的结构等进行分析和归类，提取其存在的共性。②在培养学生的写作能力的过程中，应当有意识地培养学生分析和理解文章结构的能力，从文章的结构入手对文章进行阅读，提升学生对文章层次的掌握能力。③完成结构分析之后学生要进行的是对文章情节发展脉络的分析，在文章内容的选择上应当选择具备较高代表性的对象侧面，尽量选择学生可以进行感知和认知的侧面，提升阅读时的共感性。借助情节分析和理解的过程，学生就可以形成一种文章写作和分析的固有框架，巩固学生翻译商务英语的能力。

在当前的商务英语翻译教学中，双语平行语料库是使用较多的一种教学手段，有效地推动了现代教学改革进程，提升了高校中的商务英语翻译教学的质量。双语平行语料库的使用方便了学生的自主学习，方便了教师为学生展示母语和英语语境、语句结构之间的对比示范，提升了学生对商务英语的了解程度，推动了商务英语的发展教学。

---

① 黄成洲，刘丽芸. 英汉翻译技巧 [M]. 西安：西北工业大学出版社，2008.

第八节　多模态理论下的大学英语翻译教学模式

随着社会经济的高速发展，我国的高等教育面临着巨大的机遇和挑战。多年来，国家一直倡导深化教学改革，提高教学的质量。因此，针对提升大学英语教学质量和改进大学英语教学的方法的探讨从未停歇过。翻译教学作为大学英语教学的重要组成部分，长期以来在大学英语教学中并未得到足够的重视，还存在诸多不足。首先是由于大学英语教材并没有系统地介绍翻译的理论与翻译的技巧。在翻译实践活动中，没有相应的翻译理论和翻译技巧的指导，句子的生搬硬套、语言逻辑混乱、语句间缺乏连贯性等现象经常出现。其次是现有的大学英语课堂仍然以传授语言知识，培养英语听、说、读、写能力为主，忽略了对学生翻译能力的培养。同时，教学手段和形式单一，教学内容也仅局限于每个单元课后练习的讲解，无法调动学生在翻译学习中的主动性和创造性。此外，由于英语专业学科自身的特点，其所培养的毕业生在知识的广度和深度上无法满足社会对复合型翻译人才的需求，所以为社会输送高质量复合型翻译人才的重任也就落到了大学英语教学的肩上。因此，从事大学英语教学的研究者有必要反思传统翻译教学模式，探索新型教学模式和教学途径，加强大学英语翻译教学改革力度，提高英语学习者的翻译能力。现今，随着网络与信息技术的高速发展和普遍应用，多模态话语分析理论为大学英语翻译教学提供了全新的视角。

本节将讨论在大学英语翻译教学中如何引入多模态的教学模式，并通过语言、图像、声音等符号激发学生英语学习兴趣，提高大学英语翻译教学的质量和效率。

一、理论依据

多模态话语分析理论兴起于 20 世纪 90 年代，它以 Holiday 的系统功能语言学为理论基础，将图像、声音及动作等作为语言符号性的研究重心。研究认为，除语言符号外的其他非语言符号系统也是意义的源泉，非语言符号同样具有语言的系统性和功能性；不同的符号模态可以表达相同的意义，语言和非语言符号也是意义建构的资源，由多种符号系统构建的多模态话语同样具有概念功能、人际功能及语篇功能。而多模态化教学这一概念是由 New London Group 在 1996 年提出的新术语，作为一种教学理论，它主张利用网络、图片、声音等多种教学手段来充分调动学习者的多种感官参与到语言的学习中。学者 Kress 和 Van Leeuwen

在其著作中探讨了如何在课堂中开展多模态教学，指出了图像、手势及动作在教学过程中的作用。国内语言学家胡壮麟、朱永生等也对多模态话语分析理论在教学领域的使用进行了研究，研究认为在数字化信息时代及多媒体技术被广泛使用的背景下，利用多模态教学理论构建多模态化的教学模式是时代发展的需求，是促进语言教学发展的重要途径。因此，在大学英语翻译教学课堂上实施多模态教学势在必行。教师可以凭借多媒体技术，在课堂上借助声音、图像及文字等符号，在教学过程中构建多模态教学方式，从视觉、听觉等不同感官刺激学生，提高他们对语言信息的认知能力，以达到更好的教学效果。

二、多模态翻译教学模式的可行性分析

多模态化教学就是指在多媒体环境下，教师充分调用语言、图像、声音等多种模态获取、传递和接受信息。随着多媒体教室与校园网的普及，计算机多媒体及网络技术在英语教学中已得到广泛使用，它们具有信息量大、信息输入手段多样化等特点，为英语学习者提供了无限的学习资源和有利的学习条件。在大学英语翻译教学中，计算机多媒体教学有助于提高教学的效率，扩大相关翻译理论知识，增加英语学习者课内翻译实践的机会，改变了传统以教师讲授为主的单一课堂教学模式。[①]

（一）多媒体是多模态化教学的保障

多模态化教学就是要利用多种手段如图像、声音、动画等手段来刺激人的视觉、听觉、触觉等多种感官，从而达到有效的交际效果。计算机的网络教学为英语学习者提供了无限的资源和有利的条件。多媒体网络教学既包括文字、数字等信息交流手段，还包括声音、动画及图像等多种信息媒体。随着大学英语教学改革的不断推进，多媒体网络教学在大学英语教学中得到普及，现有的英语教材大都是为多媒体教学设计的。譬如，外语教学与研究出版社出版的《全新版大学英语》都是集纸质课本、电子光盘和网络学习平台为一体的立体化教材。因此，在大学英语翻译教学过程中，我们要充分利用多媒体网络技术信息量大、交互性强的特点，提高大学英语翻译教学的质量和效果。首先，可以分类建立包括 PPT、视频、音频及图片在内的大学英语翻译教学资源，教师在教学过程中可以及时检索和更新所需素材，从而保证翻译教学的时效性；其次，教师可根据所教班级的专业特点和学生兴趣，选择相应的学习素材上传到网络学习平台，让学生进行实

---

① 谢天振，等 . 中西翻译简史 [M]. 北京：外语教学与研究出版社，2009.

战训练，做到理论学习与翻译实践相结合。再次，在多媒体技术支持下，教师能够及时地了解学生学习和实践情况，并给予及时指导。最后，在多媒体网络条件下，教师可以通过文字、图片、音频、视频及 PPT 等工具来训练英语学习者的视觉、听觉和感觉等模态，以此提高他们的语言表达能力及信息输出能力。

（二）多模态翻译教学的优势

作为传统的大学英语翻译教学模式的补充，多模态翻译教学模式有其内在优势。一是多模态化教学运用于大学英语翻译教学，可以使英语学习者的多种感觉器官参与到翻译学习中，促进学生的学习主观能动性。多模态强调多种感官并用，在教学过程中，教师可以利用多种教学资源如声音、视频、动画、彩色文字来刺激学生大脑皮层相应的机能区，从而激活视觉、听觉和触觉等模态，以加深对所学内容的理解与记忆。同时，多模态化教学模式还有利于营造轻松、活泼、积极的课堂氛围，更好地激发学生语言学习的积极性。譬如在翻译教学中，教师可以选择一部影视作品如《阿甘正传》中的经典片段让学生欣赏，并在观赏的过程中，选取经典句子让学生进行翻译，之后由教师提供参考答案供学生分析讨论。通过利用声音、图像和文字等多种形式向学生营造较为真实的语言环境，学生的眼、耳、口等感官不断受到刺激，学生的各个神经器官和兴趣也因此得到调动，学习的积极性得到激发。二是在课后的翻译学习活动中，在多媒体技术的支持下，学生可以利用教师多模态文本所输出的信息，多次重复地观看、回忆、讨论，对所学知识进行巩固，以提高翻译学习的效果。与此同时，有了多媒体技术的支持，学生可自行选取、收集和整理一些与自身实际水平相符的翻译学习材料，不断加强翻译练习，从而提高翻译能力和水平，促进了学生英语学习的主动性和积极性。

三、多模态理论下的翻译教学模式

（一）教学内容呈现多模态

根据"大学英语课程要求"，大学英语教学目标是培养满足社会所需的综合应用型人才。而现实情况是，目前在翻译市场上从事翻译工作的大多数人员均属于自由职业者，翻译人才良莠不齐，而且翻译质量总体低下。在高校，翻译人才培养对象比较单一，基本上局限于英语专业的学生。因此，随着翻译市场需求的专业化和多元化，要求译者要有足够的专业知识和双语能力。而英语专业培养的毕业生在知识的广度和专业的深度上无法满足翻译市场的需求，所以有一定的专业背景，同时又具备较强的外语能力的翻译人才颇受欢迎。在这种条件下，大学英语翻译教学迎来了全新的机遇和挑战，为培养一批能适应翻译新形势和翻译市场需求的新型人才，大学英语翻译课堂教学应实现多模态化。教师除了讲授简单的翻译技巧和方法外，还应增加翻译理论、中西方语言文化对比、中西方翻译史和英汉语言对比等课程内容，让学生加强对语言和翻译的认识和理解。在传统的翻译教学中，教师往往大量依赖教材或是自己准备的资料，这种做法既费时又费力，还会影响翻译教学效果。多模态化教学为传统教学提供了辅助，在翻译教学中，教师可以充分利用网络、语料库等收集大量翻译资料，供学生进行翻译实践训练，提高教学效率。

（二）教学手段呈现多模态

在传统的教学环境下，教学的设备通常是黑板＋粉笔，学生总是在教师的要求下机械地进行翻译练习，然后由教师进行点评。时间一长，这种单调的授课形式容易让学生产生厌倦，不利于激发学生学习的主观能动性，学生的学习效率较低。在多模态化教学环境下，教师可将翻译教学的内容以 PPT、音频与视频等形式呈现给学生，使翻译教学的课堂变得丰富、生动、形象，使教学效果最大化。譬如，教师可以给学生播放一个电影的片段，从视觉、听觉上吸引学生，然后让学生记下电影字幕，并要求学生进行现场翻译。具体形式是学生以小组讨论的形式进行，每个小组完成翻译任务后，各小组之间进行交流、评比，选出最优秀的翻译，然后由教师进行点评和讲解。这种教学方式既可以提高学生的积极性，也可增强学生的课堂参与度。教师可以通过多媒体网络技术，把翻译的素材传递给学生，供学生交流、讨论，然后形成较为理想的译文，最后由教师对学生遇到的难点进行评析，得出较好的翻译成果。总之，有了多模态化教学环境，教师教学从课堂内延伸到课堂外，师生之间、学生之间保持着动态的信息交互。[①]

（三）翻译实践形式呈现多模态

在传统的翻译实践中，学生单纯地依靠教师布置的任务来提升翻译能力，这种形式略显单一，效果欠佳。学校应该为学生创设参与翻译实践的机会，以此锻炼学生的翻译能力。

首先，公共外语教学部应加强和各二级学院之间的联系与协作，定期举办符合本专业学生实际能力的翻译比赛活动。大赛可以由大学英语教学部的教师辅助学生团体一起完成。鉴于学生的实际水平，组织形式可以是汉译英或是英译汉；比赛的内容可以根据各学院的专业特点，选择一些符合本专业实际的词组、句子或段落让学生进行翻译（参赛的内容可以随着学生学业水平的提升适当增加难

① 杨贤玉 . 英汉翻译概论 [M]. 武汉：中国地质大学出版社，2010.

度）；参赛对象是整个学院的学生，并确保每位学生都有机会进行尝试；比赛可分初赛和决赛，逐层进行选拔；最后胜出者可设一、二、三等奖，并颁发相应的证书。其次，学校可以与翻译机构合作，选派本学校的师生到合作的翻译机构实习。这样既可促进学生课堂知识的吸收，增加师生对翻译行业的了解，又能锻炼师生的翻译实践能力。再次，翻译机构也可以调派翻译人员到学校上课，让其了解学校翻译教学现状，并针对教学现状提出建设性意见，为学校培养高素质的翻译人才提供保障。最后，学校还可以为翻译机构的人员提供培训、业务咨询和理论指导，并对翻译机构的优秀人员进行荣誉聘用，邀请其到学校进行翻译专题讲座；翻译机构也可以把自己的翻译业务转包给学校师生，充分利用学校人力资源的优势，缩减自己的劳动成本。总之，这种双赢的校企合作方式为师生的翻译理论学习与社会实践相结合创造了有利的条件，既让师生在社会实践中不断提升自己的翻译能力，也有利于翻译机构储备优秀翻译人才。

综上所述，以网络为基础的多模态化教学模式为英语翻译教学提供了一个全新的视角，弥补了传统翻译教学模式的不足，既丰富了课堂教学内容，又增强了教学的直观性和生动性，提高了翻译教学效率。现代网络技术为学生进行多渠道、多形式的翻译学习和实践活动提供了保障，增强了学生自主学习能力。通过多模态实践手段，提高了学生在翻译实践中的积极性和主动性，也提升了其翻译能力。总之，多模态翻译教学模式有助于推动大学英语翻译教学模式的改革，在培养社会所需的复合型翻译人才中起着重要作用。

第六章　多媒体视角下大学英语翻译教学

第一节　多媒体环境下大学英语翻译课堂教学

随着社会的高速发展及科学技术的提升，社会已然变成一个信息化大学堂。于是，很多教师开始将这种信息化的技术引入课堂中来，这种在大学翻译课堂教学中引入多媒体技术的教学模式对教学来说本身是有极大益处的，但是在具体的操作环节中，却由于部分教师的使用不当而导致一定的消极影响的产生。为了更好地实现多媒体技术与英语翻译课堂教学的有效结合，教师应该努力寻找多媒体环境下大学英语翻译课堂教学所存在的问题，并寻找与之相对应的解决对策。

一、多媒体教学环境下大学英语翻译课堂教学存在的问题

多媒体教学环境下，大学英语翻译课堂教学存在以下三方面的问题：①过度依赖多媒体技术；②过分注重形式，忽略教学内容；③播放式教学，忽略学生的主体地位。

（一）过分依赖多媒体技术

多媒体教学拥有很多传统的课堂教学模式没有的优势，但是这并不代表教师要完全摒弃传统的教学模式。然而，在实际教学过程中，很多教师过分依赖于多媒体技术却忽略了传统的教学模式的使用，结果不但没有提升教学质量，反而降低了教学质量。例如，传统的教学环境下，教师大都会撰写教案，在课堂上采用板书的形式为学生讲解教学重点及难点。多媒体环境下，教师为了节省板书的时间，通常采用 PPT 课件的形式进行教学，然而部分教师则完全依赖于教学课件，整节课堂不进行任何板书，只是一味借助 PPT 进行讲解。更有甚者，一旦停电或者多媒体设备出现故障，便无法正常完成教学内容的讲解。①

---

① 于根元．二十世纪的中国语言应用研究 [M]．太原：书海出版社，1966．

（二）过分注重形式，忽略教学内容

多媒体教学的优势在于可以利用多媒体本身生动形象的特点吸引学生的注意力，然而在教学过程中，却有部分教师过分注重教学形式，而忽略了教学内容的讲解。例如，在课堂教学中，教师为了吸引学生的注意力，会在 PPT 课件中设置一定的动画，或者是插入一定的图片、视频或者是音频，这样做的出发点是为了更好地吸引学生的注意力，然而由于部分教师设置过多这种与教学无关的内容而导致学生注意力的分散。学生将过多的注意力放在这些形式化的内容上，却忽略了对教学的重难点内容的学习，从而导致学习效果不佳。

（三）播放式教学，忽略学生主体地位

教师在制作教学课件时，有的教师为了实现高质量化的教育，会将教学课件做得面面俱到，课件也设计得很漂亮，还设置了很多的动画，但是这样一来，教学课件的页数将会变得特别多，播放的时间也会变长。我们知道，每节课的教学内容以及教学时间都是一定的。如果教师设置的课件的页数过多，为了能够完成教学内容的讲解，教师只能采用播放式教学法，这样一来，整节课下来，学生会觉得像看电影，一直在看教师课件的放映，但是却记不住任何内容。由此可见，多媒体教学环境下，大学英语翻译课堂教学确实存在很多的问题。

二、多媒体环境下大学英语翻译课堂教学存在的问题的解决对策

为了解决上述的问题，教师可以采用以下几种对策：

（一）采用多媒体技术与传统教学技术相结合的教学方法

教师可以使用多媒体技术进行教学，但是也要结合一定的传统教学模式。比如，在教学过程中，对于重点以及难点的内容，教师应该适当地进行板书，从而让学生直观地了解到该教学内容的重要性；同时，对学生来说也是一种提示，提示学生这个环节的教学内容是需要做一定的记录的。这样一来，不仅可以起到激发学生学习兴趣、提升课堂教学效率的作用，而且可以实现课堂教学的高质量化。

（二）重视教学内容的教授

在教学过程中，在教学课件内设置一定的动画、图片及视频、音频，这本身是没有错误的，但是一定要注意设置的量，不能过度地注重形式而导致教学内容的忽略。教师应该在保证教学内容的充分及完整的情况下，再适当地设置一定的教学形式，进而做到形式与内容的双结合，从而在实现教学内容的讲解的同时，也能够很好地调节课堂的教学氛围，激发学生学习的积极性及主动性。

（三）设计以学生为中心的教学模式

无论使用什么样的教学方法、教学模式，教师要保证该教学模式一定是以学生为教学中心，重视学生在课堂上的主体地位，只有这样，才能实现新课改的要求，提升教学的有效性。例如，可以让学生根据教学内容设置一份幻灯片，这样一来，不仅可以实现教学内容的学习及预习，还可以培养学生的创新能力及想象能力，进而实现全方面发展教学。

总之，多媒体技术只是大学阶段教学的一个辅助手段，它并不能作为课堂教学的主体，更不能代替教师以及学生在课堂教学活动中的主体地位。因此，若想实现多媒体技术与大学英语翻译课堂教学的有效结合，教师应该努力抓住多媒体技术本身具有的特征，并利用这些特征与传统教学模式进行有效结合，从而实现大学翻译课堂教学高质量化及高效率化。[①]

第二节　网络环境下大学英语翻译"零课时"教学

引入多媒体网络的大学英语教学改革取得了显著成绩，然而翻译在教学环节中所占比重仍然很少。本节阐述了大学英语翻译教学现状及"零课时"教学方法，对网络环境下的大学英语翻译"零课时"教学的优势进行了简要分析，在此基础上，围绕网络环境下的大学英语翻译"零课时"教学提出了提升大学英语翻译教学质量的策略。

一、翻译"零课时"教学方法的提出

（一）"零课时"翻译教学的理论基础

心智主义学派认为，每个人都有天生的"语言学习机制"，人语言能力的获得和形成是本能使然，是人脑固有属性和后天经验相互作用的结果。教师只需刺激学生固有的"天赋"，合理引导学生，将他们已有的语言能力与后天学习的知识相结合，使学生自主、自愿地投入到学习中。

系统功能学派认为，外语教学必须从交际目的出发来决定教学内容和教学方法。大学英语翻译"零课时"教学是集心智主义和功能主义理论之所长的一种教学方法，它采用交际教学法中常见的任务法设计翻译教学大纲，通过设定任务完成翻译技能训练，从而提高学生的翻译技能。

① 钟书能．英汉翻译技巧 [M].北京：对外经济贸易大学出版社，2010.

（二）"零课时"概念解读

2001 年 4 月，"零课时模式"（Zero-Hour Approach）被正式提出，它以倡导学生锻炼"自主学习"能力为目标。所谓"零课时"是指不设固定的课时，学习任务在课外进行，教师将学习内容按照难易程度划分等级，通过网络提供给学生，教师不定期对学生进行考试或考查。

"零课时"教学方法有三方面的特点，即"有教师""有学分""无课时"。"有教师"，虽有教师指导，但匿身于网络之中，不对学生进行面授，监控学习始终，最后给出阶段性评价；"有学分"，倡导学生自主学习，有明确的学习任务，有过程评价，有成绩核定，提高学习效果；"无课时"，无教学课时是翻译"零课时"的最大特色，学生可以在大量的课余时间里，合理安排学习进度，灵活安排学习时间，从被动学习转为主动学习，逐渐提高翻译技能。根据以上提出的"零课时"教学方法，如果应用到大学生的翻译教学中，将大大激发学生对翻译的兴趣，提高翻译的能力和技能。

二、网络环境下的大学英语翻译"零课时"教学

（一）网络优势在教学中的体现

教学有效性是指教师教的活动即教学过程的有效性，主要表现为教学有效果、有效益和有效率。众所周知，网络强大的数据处理功能使之具有处理数据迅速、数据交换所耗费成本较低、交换数据可以不受时空限制、交换数据量庞大、受益人群广泛等优势。随着网络技术的飞速发展，新媒体包括手机短信和多媒体信息的互动平台、大型计算机数据库通信系统、多媒体技术以及利用数字技术播放的广播网等如雨后春笋，应运而生。教师可以运用网络快速获取大量的目标信息，为备课提供充足丰富的资料，这些教学资源的获得只需要一台可以上网的计算机就可以完成，学习者可以免费在线学习，也可以将学习资源下载离线学习，不受时间和地点的限制，使学习更加方便。网络促使高校的大学英语课堂教学形式多元化，丰富课堂教学内容、帮助教师有效监控教学质量，极大地提升大学英语课堂教学效果，提高教学效率和教学品质。

（二）网络环境下英语教师角色及作用的变化

我国在全面展开多媒体教学前，英语教师在教学中一直扮演的是传授者、教练员和评定员的角色。在课堂上，教师拥有绝对的主导地位，给学生传授知识。在学习中，"听、说、读、写、译"五项基本技能始终贯穿于整节英语课堂，此

时教师扮演了教练员的角色，时刻观察学生的表现，给予修改意见。课程完结之前，学生会参加各种形式的考核以检验学习效果，教师又自动切换到给学生学业成绩的评定的模式。

《大学英语课程教学要求（试行）》提出让个性化学习、自主式学习和网络化学习成为大学英语教学改革的目标与方向。在这样的大背景下，要求英语教师做到一专多能，要扎实地掌握理论知识、英语文化知识；要了解西方国家的历史、文化；要熟悉他们生活中常用的习语、谚语等；还要熟练运用多媒体与网络应用技术的能力，以满足当下教学中数字化、智能化、网络化的要求。在新的教学辅助设备环境下，教师要化身为智者，去组织、引导学生利用丰富的网络资源补充课外学习，帮助学生理解重难点，全面提高学生的翻译技能。

（三）网络环境下大学英语翻译"零课时"教学策略

为了有效提高学生的翻译能力，笔者认为可以从以下几个策略出发：

（1）组织保障，建立翻译"零课时"教学团队。在网络环境中进行翻译"零课时"教学，教师不能只公布答案，还要做好很多工作，如确立分层次的翻译教学目标，规划和整合海量的教学资源及监督和指导学生的学习过程。这些工作不仅量大而且非常繁杂，依靠某一位教师独立完成是绝对不可能的。因此需要建立一个有耐心并且能吃苦的团队，团队每个成员需有丰富的翻译教学经验，他们易接受新的教学理念、能熟练掌握运用新的媒体技术。

（2）加强引导，教师团队编撰翻译书目。学生在自主学习时容易盲目选择学习内容，为了避免这一现象，教师团队有必要结合《大学英语课程教学要求（试行）》中对翻译各阶段的具体要求和本校学生人才培养方案的实施意见，编写切实符合本校学生需求的课程指导书，内容应囊括翻译的基本理论和技能。学生在指导用书的帮助下，明确在学习过程中各阶段的目标及学习任务，确定考核内容。

（3）强化课后指导，积极发挥网络技术优势。在网络技术高度发达的今天，教师应积极发挥网络技术优势，强化对学生学习的课后指导。教师团队可以利用新媒体手段将最新的翻译学习资源链接群发给学生，提供贴近生活的翻译语料，以此激发学生的学习热情。此外，学生在完成每周的翻译任务后，就遇到的问题给教师留言，教师及时解答，帮助学生解决自主学习中遇到的诸多问题，师生交流得以实现，也帮助教师系统掌握学生自主学习状况。

（4）评价激励，激发学生自主学习的积极性。在大学英语课程教学中，教师都将翻译教学穿插在教学环节中，这为学生在网络翻译"零课时"环节中获得更多的翻译理论知识、掌握更多的翻译技能打下了基础。"零课时"能激发学生自主学习的积极性，学生可以随时随地到网络自主学习平台上，自主选择相应的翻译内容进行学习，在线教师及时指点，给予鼓励性评价，这能大大提高学生的学习热情，进而有兴趣继续获取教师提供的学习方法、翻译理论、翻译材料等，实现高效自主学习。

（5）学习进程归档，创设翻译水平评估和档案袋评价体系。为了配合做好监督和促进学生自主学习过程及效果的工作，教师团队要对学生的作业进行抽查、批改，并做记录，形成完整的教学检查链。在"零课时"中也要根据要求设立阶段小测，针对学生的考试情况，判断下一步需要解决的个性和共性的问题；认真对待学生的留言，建立及完善学生翻译档案袋评估系统。依靠该体系，学生可以对自己的翻译水平有更加直观的认识。

建构主义理论强调学生是意义的主动建构者，不能由其他人来代替。通过在线网络学习平台、自主学习平台及各类多媒体英语学习库等，调动学生的学习积极性和自主性，学生依靠教师的专业指导，通过自主学习系统地完成相关翻译任务，使学生能够将被动学习变成主动学习。

网络环境下的大学英语翻译"零课时"教学，不仅能进一步提高学生的自主学习能力，而且还能帮助学生实现用语言作为交流工具，培养更多的翻译实用型人才。

第三节　大学英语翻译教学中的 CAI 应用及其保障机制

随着 2013 年大学英语四、六级考试委员会宣布增加翻译分值、变单句翻译为段落翻译以来，翻译教学在各高校的大学英语课程教学中的分量已经越来越重。翻译教学不再只是一种大学英语教学的手段，翻译能力的培养已经悄然登上大学英语课程教学目标的榜单。然而，大学英语课程教学目标众多，学时有限，翻译师资捉襟见肘，在现行的教学模式下，翻译教学效果难有明显提升。所幸我们处在教学资源异常丰富的大数据时代，CAI 技术也日趋成熟，完全可以充分利用现有的网络和新媒体技术，在相关行业、学校管理层、一线教师和广大学生的共同努力下，构建全新、多维和立体的翻译教学模式，开辟大学英语翻译教学的新局面。

一、大学英语翻译教学的 CAI 资源应用

计算机辅助教学（computer aided instruction，CAI）是在计算机辅助下以"对

话"形式进行的各种教学活动。大学英语翻译教学中运用 CAI 可以使许多抽象概念和复杂的逻辑关系变得生动和直观形象,在教学中事半功倍。

大学英语翻译教学的 CAI 模式包括多媒体组件、互联网教学平台、CAT 和实时通信工具等辅助教学手段组成。教师可在多媒体教室示范讲解翻译理论、翻译策略和跨文化交际等课程内容,运用交互式翻译教学平台、CAT 等手段开展任务型翻译教学,再通过通信工具进行"协作"和互动交流,开展翻译讨论,分享翻译心得和交流学习难点。这四种辅助教学手段相辅相成,相得益彰。

(一)多媒体教学平台

语言本身是一种承载着丰厚内涵的特殊文化形式,翻译能力的提升费时费力。大学英语翻译教学往往受到专业、课时、空间等因素的限制,但通过多媒体教学平台可一定程度上解决这些问题。该平台可在局域网、校园网或卫星网上运行,同时支持文字形式、音视频资源、电子白板和互动的广播教学,学生可以共享教师端程序,同步浏览课件和教学现场的视频和音频,以文字交流或举手提问的形式实现教学互动。通过该教学平台,学生可使用翻译资源数据库,通过课堂教学和自主学习的方式初步了解翻译理论和技巧,在教师的引导下运用具体的翻译方法去解决各类翻译问题,体验不同类型的翻译进程,参与部分简单的翻译项目,从而逐步提高翻译能力。该平台在系统运行方面,操作简单易学,无须专业人员维护。另外,翻译教学还可利用高度仿真的虚拟教室,实现实时交互与录制点播相结合,即播即录、即录即播,如 Saba meeting 系统、Gensee 虚拟教室系统和雅信、传神等翻译软件,支持自主式、引领式、讨论式的翻译培训。

(二)互联网教学平台

近年来,互联网技术发展迅速,师生使用起来非常便捷。互联网教学平台集教学资源、课程组织、自主学习、交流讨论、学习评价于一体,从根本上解决了长期制约大学英语翻译教学推进当中资源不足、学时不够、师资欠缺和空间受限等各种问题,是一个比较完整高效的交互式平台。如学生可充分利用网络资源开展在线学习,浏览翻译教学课件,自学翻译课程,通过网上提问、在线翻译、交流讨论等形式熟悉翻译理论和技巧;教师可以开展在线翻译教学,如发布翻译课程信息、布置翻译作业、安排翻译任务、为学生答疑解惑、组织专题讨论,并就学生的翻译进行测试和评价。

(三)计算机辅助翻译工具

计算机辅助翻译教学(CAT)是指利用计算机来执行大学英语翻译教学功能,

构建多途径、交互式的教学环境，既能保证教学质量和效果，又能培养学生的学习兴趣和能力。计算机辅助翻译教学是从机器翻译发展而来，类似于 CAD，是指在人工翻译过程中辅助使用计算机程序的自动翻译功能，由计算机程序自动匹配后直接从翻译记忆库中获取出来，它的核心是翻译记忆，可帮助翻译者优质、高效、轻松地完成翻译工作。

现在的 CAT 涉及领域广泛、技术成熟、产出经济，有着无可比拟的优越性。SDL Trados、雅信、华建、Transnet、Word fast 等主流 CAT 软件涵盖科技、医学、法律、商务、金融和时事等专业领域。他们不再是翻译教材内容的直接复制，也不是简单的电子词典查询或者在线百度翻译，而是利用计算机为学习个体在课堂内外提供真实的交流环境，使学习者学以致用。译文的准确性、术语的一致性和译文产出的经济性均有质的飞跃，翻译效率也有了大幅度的提高。①

学生利用计算机辅助翻译软件学习翻译，可以迅速熟悉不同专业领域的词汇，掌握翻译的方法和技巧，快速提升翻译能力。

（四）新媒体资源

新媒体的广泛运用为大学英语教学活动的开展提供了新的思路和方法。它的出现改变了大学英语翻译教学方式单一、沉闷枯燥的局面。

老师和学生通过新媒体可以随时随地就翻译学习进行交流和讨论，教师还可根据学生的个体情况，提出具有针对性的指导意见，从而能大幅提高教学质量和效果。教师也可利用 APP 自己开设账号，实时推送相关教学信息，跟踪学生的学习状况，并及时指导和反馈；也可采用"示范和练习"法，先做示范翻译，再要求学生在 APP 翻译平台进行大量翻译实践，赢取积分，获得下一步学习的机会。

二、大学英语翻译教学的 CAI 保障机制

大学英语传统教学模式根深蒂固，翻译教学中存在的问题也日渐显著。因此想要顺利构建和运行基于计算机辅助的大学英语翻译教学模式，就需要建立由相关行业、学校管理层、一线教师和广大学生积极参与的切实可行的保障机制。

（一）相关行业提供技术支持

首先，相关行业的研发机构和公司要根据大学英语翻译教学的需要，立足于非英语专业学生的需要，开发方便、实用、高效的 CAI 软件和硬件资源。现有 CAI 资源的利用也离不开相关行业提供技术培训和维护服务。

---

① 廖七一. 当代英国翻译理论 [M]. 武汉：湖北教育出版社，2001.

（二）管理层做好顶层设计和资源建设

高等院校管理人员在设置大学英语课程和开展大学英语课程评价时，在理念上必须与时代和社会保持一致，为计算机辅助下的翻译教学预留空间。各高校可在普适性的大学英语课程框架之内设置大学英语自主学习模块，自主学习课程可以设定为必修环节，无须占用大学英语有限的学分，CAI 环境下的翻译学习可以名正言顺地包含其中。

高校管理层还应该积极争取资金，增加软硬件投入，为翻译教学创设 CAI条件。例如，现在的 CAT 系统技术比较成熟，包含口笔译实训系统、整合翻译项目管理、计算器辅助翻译（CAT）、翻译素材的实训系统，内置有翻译素材，可完成自动术语提取、双语对齐、记忆库术语库生成等功能，可在课上课下使用，可同时用于教学与实际项目翻译。

在师资队伍建设方面，学校应予以政策倾斜，加大经费投入，选派有潜力的老师到相关高校或企业访学、进修或培训 CAI/CAT 相关技术。

（三）一线教师主动参与

新形势下的大学英语翻译教学对英语教师提出了严峻的挑战，翻译教学的手段和内容必须进行相应的调整，这都要求一线教师要主动参与、刻苦钻研。毕竟利用计算机开展辅助翻译教学对绝大多数英语教师来说都是一个未知且不太熟悉的领域，加上翻译涉及不同语言之间的转换，教师不仅需要具备良好的双语能力，还应有良好的计算机素养和翻译软件知识。

以 CAT 环境下的翻译教学为例，教师需了解机器翻译和 CAT 的历史、原理、本地化等，同时还得熟悉各种 CAT 软件，并能进行熟练操作和演示。教师还得会通过翻译记忆和建立合适的语料库，选取新颖、实用、富有针对性和实效性的翻译材料，设计一些模拟翻译项目，组织学生参与，并引导学生互动交流，探讨和点评译作。

显然，在 CAI 环境下的大学英语翻译教学模式中，教师扮演着多元的角色，是引导者、指导者、咨询者和参与者，他们必须主动参与，充分发挥其主导作用，否则该模式的翻译教学效果就得不到保障。

（四）学生主体的密切配合

广大学生是整个大学英语课程教学的对象，是学习的主体，他们参与的热情和配合的程度将直接影响 CAI 环境下大学英语翻译教学的效果。当代大学生应主动了解基本的计算机知识，乐于学习，能熟练运用各种软件进行翻译学习和完成翻译任务，掌握过硬的翻译技术，习得较强的翻译能力，获取差异化的竞争优势。同时，为提高翻译水平和英语能力，他们还应该加强英汉双语能力的培养，积极主动地完成和参与大学英语教师设计与安排的各种 CAI 翻译任务或活动。

综上所述，将 CAI 与翻译教学有机结合起来，使之服务于大学英语翻译教学，已经成为大学英语教学的一个新方向。学者顾清红和祝智庭曾指出，CAI 教学以现代信息技术为基础，将计算机文字处理、电子词典和翻译软件等与翻译教学相关的 CAT 新技术、新成果用于翻译教学，是高校信息化教学的趋势。虽然我们并不提倡每堂大学英语翻译教学课堂都使用 CAI，但 CAI 有效地解决了大学英语翻译教学模式单一、学时受限、资源短缺和效率低下等问题，其重要性是不言而喻的。①

第四节　多媒体环境下高校英语翻译专业语法课程建设

词汇和语法是英语的两大支柱，词汇是英语的基础，而语法则是英语的灵魂。语法对翻译专业的师生来说，其重要性自然不言而喻。如今，随着计算机网络在当近信息化时代的广泛应用，多媒体与教学的结合已然成为高校提高教育水平的必然趋势，而网络环境下的英语语法教学自然成为提高翻译专业提高课程质量的必然选择。这一全新的教学模式既可以克服传统教学模式的诸多弊端，还可以发挥其自身优势，丰富教学资源，改善教学环境，优化教学效果，并且能够有效加强老师与学生之间的联系，充分调动学生的主观能动性，培养学生的自主学习和独立思考等能力。

一、翻译专业英语语法学习的重要性

（一）翻译必须准确地把握语言

《朗文语言教学应用语言学词典》中对"语法"的解释是："语法是语言结构及词和词组等语言单位组成语言句子的方式的描述。"由此可见，语法不但是语言的重要组成部分，而且是组织语言的基本规范，更是语言行文成篇的"游戏规则"。在中国，作为专业的外语学习者，在缺乏良好的英语语言环境的情况下，需要通过一套既定的标准和规则来帮助判断怎样的语言表达才是正确合理的，而语法就是用来衡量的重要手段之一。英语翻译专业与其他方向的英语专业相比，如英语语言文学、英语语言学及应用语言学等有所不同，翻译专业的重点在于语

---

① 陈坤林，何强．中西文化比较 [M]．北京：国防工业出版社，2012.

言的实际应用，即表达与交际，自然对学生的语言运用能力方面提出了更高的要求。在翻译的过程中，如英译汉，只有在正确理解原文的前提下才能进行翻译，这就要求借助一定的语法知识，梳理原文的整体构造，分析其中的逻辑关系，进行合理的切分，最后才能够形成流畅的译文。而在汉译英的过程中，如若译文中出现语法错误这一低级错误，无疑会大大降低译文的质量，从而给目的语读者造成理解和阅读的障碍。因此，对翻译专业的师生来说，无论是从教学的角度，还是从研习的角度，对于语法的深入探究都在学习过程中发挥着不可忽视的作用。

（二）语法课程是高等教育的基础课程

语法课程同听力、阅读、口语、写作、基础英语等课程一样，一直以来都是全国各高校翻译专业设置的基础学科之一，也是翻译专业在基础阶段开展教学的重点领域。据统计，我国 90% 以上的高校翻译专业会选择在大一、大二的基础学习阶段安排一年或者两年的语法课程。特别是刚走进大学校园的大一新生，刚刚经历了高三一年的"题海"式英语语法学习，对于语法的基础知识掌握比较清晰，所以选择在这个时候"趁热打铁"，强化并深入语法学习，其目的就是为了加强学生的语法功底，提高学生的语言表达的准确性，培养其判断表达正误的敏感度，并且为高级阶段的翻译专业课学习打下良好的基础。

对翻译专业的学生来说，语法这一基本功的灵活运用更显得尤为关键。英语学习中的五大技能——听、说、读、写、译，其中听、说、读、写是译的前提和基础，译则是英语实际应用的"最高境界"。语法始终"潜移默化"地影响着听、说、读、写的质量，并且与它们始终紧密相连。语法不过关，"译"更是成为"天方夜谭"。对翻译专业的初学者来说，他们大都是从高中毕业直接进入大学，从来没有深入地学习过英语，最多只是爱好英语的学习者，由于没有经过专业的训练，因此对于语法的掌握不够系统全面，理解得也是一知半解。由此可见，无论是口译专业还是笔译专业的学生，语法方面的刻苦钻研一定是他们未来职业翻译的必经之路。

二、传统语法教学存在的弊端

（一）传统语法教学模式单一

相比其他学科，语法长期以来都是被学生认为是"最乏味"的课程之一，语法课堂上往往是一片"死气沉沉"，究其根本原因，是因为传统的语法教学模式以教师为主、学生为辅的形式。在课堂中，教师扮演"主角"，学生则是"配角"。

老师一般采取"照本宣科"的方法，在板书中罗列出各项语法法则，却不加以实例进行解释说明。由于受到教学课时的限制，部分教师会选择占用大部分的课堂时间对语法法则进行分析和讲解，却忽视了语法的实际应用与巩固练习，也就无法激发出学生的学习兴趣，导致教学效率低下，课堂教学效果不佳。在缺乏学习动力的前提下，学生只是被动地接受知识，自然不会对课上学到的那些"条条框框"进行反思和思考，也不会自觉地在课后进行相应的系统练习，无法真正地将理论与实践相结合，也就无法在具体的语言环境中领悟到英语的语法规律。这使得大学生的语法学习逐渐演变成了一个"走马观花"的过程，语法对学生来说也只是"印象"，而并没有形成一个完整的知识体系。

（二）师生之间缺乏教学交流

"师者，所以传道授业解惑也。"在传统的教学模式中，课堂形式大都以教师为中心，而不是以学生为中心的纯单向传授教育模式，所以一般来说教师决定所有的教学内容、教学方法和课后作业等。大学与中学不同，中学教师可以通过阶段性的测试来了解学生对知识的掌握情况，从而有针对性地进行及时调整。但是，大学教师往往不能做到对每一个学生的学习情况和学习能力进行实时跟踪，而大学生对老师的教学指导也大都是采取亦步亦趋的态度，更不愿主动直接表达自己的想法和建议，这就造成了老师"教"与学生"学"之间的"断层"。教师所选定的教学材料的难易程度无法保证能够与学生的实际水平相吻合，教学方法也很难做到因材施教。因此，这种"老师只管讲，学生只管听"的接近"零互动"的上课方式，是很不利于学生的语法学习的。

此外，传统的教学方式在学生课后学习反馈方面，更加凸显其师生之间缺乏教学交流的弊端。传统的教学通常是面对面的方式进行教学，口耳相传，大部分学生在课堂上尚不能做到积极配合，反馈学习成果，课后的反馈自然是少之又少。另外，在没有多媒体网络的无线远程的便利条件下，教师对于学生作业的检查、批改及整理等，都不能在第一时间反馈给每一位学生。这种时间差长期存在，势必会导致教学效果不佳，因此也会在不同程度上影响甚至减少学生的知识摄入量。然而，语法知识的学习恰恰是一个量的积累到质的飞跃的过程，所以仅仅依靠课堂上的语法知识讲解是远远不够的，课后巩固训练也是语法教学的重要组成部分。学生需要通过不断的练习，熟练掌握语法知识，在错误中不断反思，逐渐通过语法知识掌握语言结构，才能够为翻译打下坚实的基础；教师需要从学生的错误中，不断调整自己的教学计划及教学方向，从而找到最有利于学生学习语法的教学方法。传统的教学方式已无法满足当今语法课程的预期教学目标。

三、网络环境下语法教学的优势

如今，网络发展的迅猛之势已经影响着我们生活的方方面面，那么教育也要与时俱进。网络多媒体教学势必会影响到未来教育的发展方向。网络教学与传统教学模式相比，它有着独一无二的优势，可以弥补传统教学的一些缺陷，从而可以提高教学效率，取得更多的教育成果。

（一）丰富教学资源和教学内容

语法是一种语言如何构成的语言规律，虽然有理可循，但也并不是一成不变的，它同样也会随着语言的不断发展而不断改进。在多媒体时代之前，语法教学内容多数来源于书本，而书本上知识的更新换代的速度与网络是无法比拟的，这使得学生的学习内容变得十分有限，学生也容易受到一家之言的束缚甚至误导，无法做到与时俱进，那么这样就会失去学习语法的意义。网络资源取之不尽、用之不竭，网络资源的广泛性和时效性恰恰可以解决这一问题，它可以帮助学生获得大量的来自国内外的教学资源，让学生了解到更加全面的语法知识，这样学生可以通过自学的方式填补很多教学空白。同样，教师的授课也可以不拘泥于课本，通过网络可以查阅或下载更多适合学生的相关语法资料，以此丰富其教学内容，积累更多的教学资源，提升自身的教学水平。与此同时，教师还可以通过网络资源不断地充实自己的语法专业知识，不断更新自己的知识储备，这样才能够更好地指导学生的语法学习，推动高等教育实现良性发展。

（二）增强教师与学生之间的互动性

语法课程从本质上来说是一门技能训练和实践课，熟能生巧是提高语法能力的"必经之路"。它要求学生进行大量的语法技能强化训练，才能达到加强语法知识的效果。在传统教学模式下，学生认为语法的"条条框框"甚是乏味无趣，对语法的反复练习更是有抵触情绪，这无疑对学生的语法学习是十分不利的。因此，教师应借助多媒体和网络为支撑的教学平台，综合运用各种多媒体软件，将原本刻板僵化的语法规则转化为符合教学内容的图片、幻灯片、动画或视频等形式，使用一种更加生动立体的形式授课，拉近与学生之间的距离，提高学生的学习兴趣，增加课堂的互动，调动学生的积极性，从而提高课堂教学效率。

多媒体网络教学打破了传统的英语课堂教学模式的时空界限，构建了一个无限开放的教学空间，不仅改变了授课方式而且实现了远程教学。网络的广泛使用已经将教学搬出了课堂，使教学不再受限于"面对面"的教学方式，教师完全可以通过网络方式随时了解学生的学习情况，对学生的课后作业及时批改反馈，而学生也可以通过网络及时向老师请教或者提出建议。可见，网络教学的引入大大提高了教学效率。[①]

（三）培养学生的自主学习与独立思考的能力

自主学习强调的是学生要自主、自愿、自动的学习，无论从心理上还是行为上都能表现出十分重视学习的状态，学生完全是自发地去研习知识，它与传统教学中学生被动地接受知识有着本质的差异。网络环境下的语法自主学习，就是在运用网络优势的情况下，利用网络资源，了解和掌握更多的语法理论知识，通过最新的练习来巩固自己学习成果，最终形成自己完整的语法体系。雄厚的网络资源对自主学习来说，可谓是"如虎添翼"，网络资源可以提供给学生更多在课堂上学不到的知识。

多媒体网络教学有助于学生的个性化学习，培养学生的自主学习能力。网络使学生不再受课堂教学时间和空间的束缚，可在任何地点、任何时间借助网络教学视频、网络资源、课件等进行自主学习。学习的时间可长可短，均由自己灵活掌握；学生还可根据自身的能力水平和实际情况自主选择不同级别和层次的语法学习资料，学生自己哪个语法点知识把控的比较薄弱，在学习时可有所侧重，查缺补漏，进行重点练习，从而使自己的语法知识更加完善。在多媒体辅助大学高等教育的过程中，鼓励学生应充分发挥自身的主观能动性，激发自身的学习动机和学习兴趣。

再者，多媒体网络教学也有助于培养学生独立思考的能力。网络虽然有资源优势，但也存在弊端。网络资源可谓一应俱全，但纷繁复杂。在这一过程中，虽然弱化了教师的作用，学生可以最大限度地发挥自己的主观能动性，但是在庞杂的网络资源中，学生需自行挑选并且辨别出适合自己的学习资料。这一甄别信息资源的过程，对学生的语法学习来说也至关重要。当学生在遇到问题时，可以借助查找网上的资料来解决，但在这一过程中，学生需要学会分辨网上资源的可靠性，需经过仔细对比研究之后，做出判断找到正确答案。因此，网络教学也为学生提供了培养自己独立思考能力的机会。这一能力的培养不仅有助于学生的语法学习，而且在日后的学习和工作中会让学生从中受益。

语法教学一直都是翻译专业教学计划的重中之重。传统的语法教学重视语法的学习，忽视语法能力的培养，这是导致学生语法能力不足的重要原因。网络和多媒体为高校翻译专业语法课程注入了新的活力，同时实现了传统教学质的突破，

---

① 兰萍 . 英汉文化互译教程 [M]. 北京：中国人民大学出版社，2010.

给语法教学的改革和发展带来了新的机遇。网络环境下的语法教学充分发挥网络和多媒体的优势，创建更加立体形象的语言环境，鼓励学生自主学习，同时加强师生互动，这都有助于学生更好地掌握语法知识。但是网络环境下的语法教学仍然处于初步发展阶段，虽然它为学生提供了许多课堂教学无法给予的便利条件，但是它也存在着一些弊端和缺点，需要不断地改进和完善。

第五节　多媒体网络平台下英语本科翻译教学

随着经济的快速发展和改革开放的不断深入，中国与世界各国在政治、经济、文化等领域的交流与日俱增。在这种国际国内形势下，社会对翻译人才尤其是高端翻译人才的需求量越来越大。这给高校翻译教学带来机遇的同时也带来了前所未有的挑战，如何为社会培养输送优质翻译人才成为高校翻译教学中必须考虑的问题。[①]

传统翻译教学以教师为中心，教师是教学主体。这种模式的操作流程如下：教师讲解翻译技巧与翻译理论，布置相关的翻译练习，让学生通过反复练习强化、巩固翻译技巧，然后教师逐个批改学生的译文并进行讲评，最后给出参考译文，即所谓的标准答案。这是典型的知识传授型教学方法，也是目前国内很多高校仍然在采用的方法。这种方法的弊端在于过分强调教师"教"的作用，难以发挥学生的主观能动性，创新性意识得不到激活。教师给定标准答案容易将学生的思维框定在某个范围内，容易失去学习的动力和自信心，总是感觉自己语言水平不够，过分依赖参考译文，最终还会影响学习效果，培养不出社会需求的翻译人才。随着对传统翻译教学弊端的反思，关于翻译教学模式的探讨也越来越深入。翻译界提出了以建构主义学习理论为指导的交互式翻译教学模式，这种理论强调个体从自身经验出发，对客观事物进行主观理解和意义构建，倡导教师指导下的以学习者为中心的学习。换言之，该理论强调学习者的主动建构，反对知识的被动接受。翻译过程是学习者以自己的已有经验为基础构建知识的过程。在这个过程中教师起指导作用，而传统的翻译教学模式违背了这一目标。因此，目前国内各高校的翻译教学，尤其是独立学院的翻译教学，迫切需要一种有效的教学模式来指导英语专业本科翻译教学。

---

① 朱永生，严世清. 系统功能语言学再思考 [M]. 上海：复旦大学出版社，2011.

一、英语本科翻译教学及相关研究

传统的英语本科翻译教学主要以教室为教学场所。在那里教师主要是通过"黑板＋粉笔"的方法授课。然而，翻译课的内容多、信息量大，上述方法并不能有效地传递信息。21世纪是计算机时代、网络时代，在这种网络快速发展的大背景下，多媒体网络教学应运而生。相关研究表明，多媒体网络辅助教学能有效改进语言教学方法和教学效果。网络在翻译教学和学习中的作用举足轻重，不容忽视。

二、多媒体网络平台下英语本科翻译教学模式建构

建构主义学习理论是认知理论的一种，其最早由瑞士儿童心理学家皮亚杰提出。经过研究，皮亚杰认为儿童自身知识的习得是儿童在与周围社会环境相互作用的过程中逐步建构的。在皮亚杰理论的基础上，维果茨基进行了更深入的研究。维果茨基进一步强调社会文化环境对个体认知发展的影响。他认为社会语言和社会交际对高级认知的发展产生重要作用。他认为学习并不是简单地由外向内灌输信息，而是学习者新旧知识的交互过程，也就是学习者和学习环境之间的交互。现代建构主义学习理论正是由维果茨基认知理论发展而来的。现代建构主义学习理论认为学习环境包含四大要素："情境""协作""会话"和"意义建构"。"情境"指学习环境中的情境必须有利于学习者对所学内容的意义建构。这对英语专业本科翻译教学设计提出了新的要求，在建构主义学习环境下，翻译教学不仅要考虑教学目标，还要考虑有利于学习者建构意义的情境的创设问题，并把情境创设看作教学设计的最重要内容之一。"协作"发生在学习过程的始终。协作对学习资料的搜集与分析、假设的提出与验证、学习成果的评价直至意义的最终建构均有重要作用。"会话"是协作过程中必不可少的一个环节。学习小组成员之间必须通过会话商讨如何完成规定的学习任务；此外，协作学习过程也是会话过程。在此过程中，每个学习者的思维成果为整个学习群体所共享，因此会话是达到意义建构的重要手段之一。"意义建构"是整个学习过程的最终目标。所要建构的意义是指事物的性质、规律及事物之间的内在联系。在学习过程中帮助学生建构意义就是要帮助学生对当前学习内容所反映的事物的性质、规律及该事物与其他事物之间的内在联系达到较深刻的理解。基于此理论，多媒体网络平台下英语专业本科翻译教学的建构必须做到以下几点：

（1）转变翻译教学理念，由以教师为中心的翻译教学模式转变为以学生为

中心的交互式翻译教学模式。传统翻译教学以"翻译是两种语言之间的转换"为理论指导，而以学习者为中心的交互式教学模式是基于建构主义学习理论之上的。传统翻译教学模式下，教师首先向学生讲授一些具体的翻译技巧和翻译方法，然后布置大量的翻译练习，对学生的译文进行点评讲解，最后给出标准译文。整个教学过程具有单向性，教师一个人唱独角戏，而学生却并不知道翻译到底是什么，只知道自己出现了很多表达错误，备受打击，从而对翻译失去学习兴趣。以学生为中心的交互式翻译教学模式强调学习者获取知识的过程是其与外部环境交互作用的结果，不是一味被动接受的过程，而是在社会情境中通过协作、讨论、交流互动主动构建而成。多媒体网络为实现建构主义的交互学习环境提供了理想的平台。

（2）教学场所由单一的传统课堂转为现实教室与网络虚拟课堂相结合的课堂。在传统课堂中，由于课时有限，无论是学生之间的互动还是师生之间的互动都受到很多的限制。基于多媒体网络的课堂可以借助互联网利用论坛、聊天室或电子邮件实现最大化的互动，资料搜集和分析。在这一过程中，教师可以以参与者和监督者的双重身份介入学生的学习过程。

（3）由传统的多媒体教室改为网络多媒体教室。很多人将计算机辅助教学等同于借助于多媒体网络的教学，其实这两者之间存在很大差别。传统的多媒体教室里，计算机不联网，每台计算机都是独立的个体，彼此之间不存在任何联系，很难通过计算机提供互动的情境，而网络多媒体教室可以充分发挥局域网的作用，充分利用网络等进行临时讨论分析，可以实现学生之间及师生之间最大限度的互动。

在建构主义学习理论基础上提出的借助多媒体网络平台的英语专业本科翻译教学改革突破了传统翻译教学的局限。它力求为师生创造一种最有利的教学情境，突出学生的主体作用，能最大化激发学生的学习积极性，培养学生的学习兴趣和自信心，强调教学之间的互动，力求达到最佳教学效果。

参考文献

[1] 邓俊叶，王琳．基于语块理论的大学英语翻译教学模式的构建 [J]．常州信息职业技术学院学报，2017，16（1）：53-56.

[2] 刘晓萌．生态翻译学视域下的大学英语翻译教学研究 [J]．西部素质教育，2017，3（10）：103-104.

[3] 陈梅霞．基于建构主义理论的翻译教学模式改革与实践 [J]．海外英语，2015，31（23）：93-95.

[4] Austermül Frank．应用型翻译人才的电子工具 [M]．北京：外语教学与研究出版社，2006.

[5] 刘晓民，刘金龙．大学英语翻译教学：问题与对策 [J]．山东外语教学，2013，34（5）：69-73.

[6] 肖丽．母语负迁移在英语翻译教育实践中存在的现象及解决策略 [J]．内蒙古师范大学学报（教育科学版），2016，29（9）：130-132.

[7] 肖乐．试论旅游英语翻译中的创造性 [J]．外国语文（四川外语学院学报），2011，27（4）：93-97.

[8] 高梅．项目课程模式下商务英语翻译教学改革 [J]．价值工程，2016，35（31）：144-146.

[9] 周妮．中国茶文化对外传播中英语翻译策略探析 [J]．福建茶叶，2017，39（5）：295-296.

[10] 陶冉冉．大学英语翻译教学存在的问题及对策 [J]．吕梁教育学院学报，2016，33（3）：67-68.

[11] 李亚蕾．"互联网 +"背景下大学英语翻译教学模式的创新路径 [J]．湖北函授大学学报，2018，31（8）：163-164.

[12] 曹野．"互联网 +"背景下医学英语评注式翻译教学模式的构建 [J]．中国医学教育技术，2018，32（1）：66-69.

[13] 黄旦华."互联网+"背景下大学英语翻译教学模式创新研究 [J]. 教育理论与实践,2017,37(15):53-54.

[14] 杜开群.关于高校英语语言学教学问题及对策分析 [J]. 山东农业工程学院学报,2017,34(2):5-6.

[15] 郑雨.高校英语教学中模糊语言学的语用意义分析 [J]. 西部素质教育,2015,1(6):46.

[16] 朱先明,王彬.体育新闻标题翻译中的译者主体性探析:以隐喻翻译为中心的考察 [J]. 淮北师范大学学报(哲学社会科学版),2016,37(5):79-82.

[17] 杨飞."ESP"理论视角下的大型国际赛事体育英语翻译现状分析 [J]. 成都体育学院学报,2015,41(3):64-67.

[18] 李淑康,李克.英语体育新闻语篇翻译的转喻现象探析 [J]. 厦门理工学院学报,2011,19(4):94-98.

[19] 刘建芳.浅谈中西文化差异对英语翻译的影响 [J]. 开封教育学院学报,2004,24(1):58-60.

[20] 刘静.浅析中西方文化差异对翻译的影响 [J]. 长江大学学报(社会科学版),2012,35(6):105-106.

[21] 赵桂华.翻译理论与技巧 [M]. 哈尔滨:哈尔滨工业大学出版社,2002.

[22] 庄绎传.英汉翻译简明教程 [M]. 北京:外语教学与研究出版社,2002.

[23] 冯伟年.最新汉英翻译实例评析 [M]. 西安:世界图书出版西安公司,2005.

[24] 陈雪松,李艳梅,刘清明.英语文学翻译教学与文化差异处理研究 [M]. 西安:西安交通大学出版社,2017.

[25] 冯庆华.文体翻译论 [M]. 上海:上海外语教育出版社,2002.

[26] 曹顺庆.中国古代文论话语 [M]. 成都:巴蜀书社,2001.

[27] 汪榕培,卢晓娟.英语词汇学与教程 [M]. 上海:上海外语教育出版社,2001.

[28] 平洪,张国扬.英语习语与英美文化 [M]. 北京:外语教学与研究出版社,2000.

[29] 王令申.英汉翻译技巧 [M]. 上海:上海交通大学出版社,1998.

[30] 陈文伯. 英语成语与汉语成语 [M]. 北京：外语教学与研究出版社，1982.

[31] 於奇. 世界习语文化研究 [M]. 郑州：大象出版社，2003.

[32] 冯庆华. 实用翻译教程 [M]. 上海：上海外语教育出版社，1997.

[33] 朱竹芳. 陶瓷英语基础教程 [M]. 北京：高等教育出版社，2013.